策划·拍摄·剪辑·文案·营销·引流

U0684455

兴趣电商：
短视频营销与流量变现

全方位揭示短视频营销底层逻辑

孙　勇/著

中国原子能出版社

图书在版编目（CIP）数据

兴趣电商：短视频营销与流量变现 / 孙勇著 . --
北京：中国原子能出版社，2024.4

ISBN 978-7-5221-3310-2

Ⅰ . ①兴… Ⅱ . ①孙… Ⅲ . ①网络营销 Ⅳ .
① F713.365.2

中国国家版本馆 CIP 数据核字（2024）第 068802 号

兴趣电商：短视频营销与流量变现

出版发行	中国原子能出版社（北京市海淀区阜成路 43 号　100048）
责任编辑	张　磊
责任印制	赵　明
印　　刷	河北宝昌佳彩印刷有限公司
经　　销	全国新华书店
开　　本	787 mm×1092 mm　1/16
印　　张	15.25
字　　数	240 千字
版　　次	2024 年 4 月第 1 版　2024 年 4 月第 1 次印刷
书　　号	ISBN 978-7-5221-3310-2　　　**定　价**　88.00 元

发行电话：010-88821568

前言

Preface

在这个数字时代，短视频营销和电商领域迅速崛起，成为连接品牌与消费者的重要桥梁。《兴趣电商：短视频营销与流量变现》一书旨在深入探讨这一现象背后的动力，揭示如何通过短视频平台有效地吸引目标受众、提升品牌认知度并实现销售转化。

我们首先要明确的是，短视频不仅仅是一种新兴的媒体形式，它更是一种全新的文化现象，深刻影响着人们的生活方式和消费习惯。通过紧凑、高度可视化的内容形式，短视频能够迅速吸引观众的注意力，激发其兴趣和购买欲望。

本书将从多个角度出发，探讨短视频营销的策略、技术进步以及面临的挑战和机遇。我们将分享成功案例，揭示如何结合创意内容制作、算法优化和用户互动，构建有效的短视频营销策略。同时，本书也将关注电商领域内短视频的应用，从直播带货到社交电商，分析如何利用短视频平台推动销售增长和品牌建设。

希望这本书不仅能为市场营销人员、品牌经理和电商企业提供实用的策略和洞察，也能为对数字营销和电商感兴趣的读者提供一个全面了解短视频营销领域的窗口。

随着技术的不断进步和消费者行为的演变，短视频营销和电商领域仍将持续发展变化。通过本书，我们期待与读者一同探索这一充满机遇和挑战的新兴领域，共同迎接未来的无限可能。

目录

contents

深化认知：
短视频那些事

第 *1* 章

小胡是一个喜欢接触新鲜事物的大学生。大学期间，他接触了网购，从此便爱上了这种方便快捷的购物方式。他经常在网上购买各种生活用品和潮流商品，享受着足不出户的购物乐趣。

随着智能手机的普及和网络的快速发展，短视频逐渐兴起，成为人们消遣娱乐的新宠。小胡也紧跟潮流，下载了各种短视频 App，一有空闲时间就沉浸在各种短视频的世界里。他喜欢看各种有趣的短视频，还时常和朋友们分享和讨论。

某一天，小胡在浏览短视频时，发现短视频平台竟然新增了一个购物功能。这个功能非常便捷，用户可以直接在短视频下方点击购买链接，跳转到商品详情页进行购买。小胡觉得这个功能非常有趣，也很方便，于是他开始尝试在短视频平台上购物。

小胡发现，短视频推送给他的商品更容易激起他的购物兴趣，甚至有些商品正是他需要的。此外，短视频购物还为小胡带来了许多意想不到的惊喜。比如，他在浏览短视频时，平台会给他推荐一些特别的商品或优惠活动，他能以一个比较低的价格，买到自己喜欢的商品。

可能很多年轻人的经历和小胡非常相似。从接触短视频，到频繁使用短视频 App，再到在短视频平台上购物，中间可能只经过了短短几年的时间。如今，短视频已融入我们的生活，很多人对短视频已经非常熟悉。不过，在这里，我们要说的这些和短视频相关的事，可能大家并不是那么熟悉。我们说这些事的目的也很明确，就是帮大家更加深入地认识一下这个熟悉的"朋友"。

你了解短视频吗

短视频，我们已经非常熟悉，但在很多人的认知里，短视频是近几年才出现的事物，但其实，它的出现可以追溯到十几年前。下面，我们先来了解一下我国短视频的发展历程。

我国短视频行业兴起于 2011 年，发展至今，主要经历了萌芽期、成长期、爆发期和成型期四个阶段。

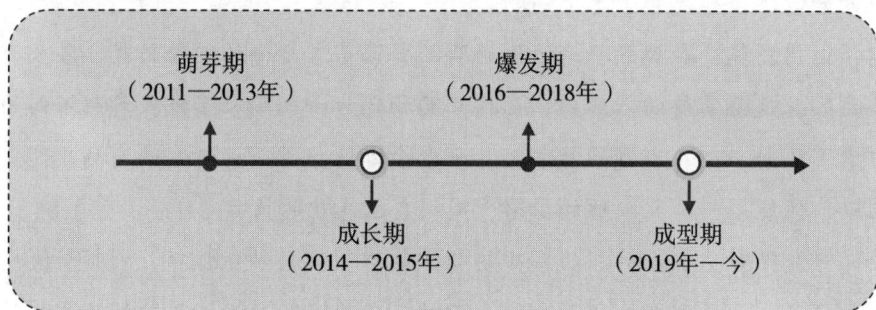

萌芽期
（2011—2013年）

爆发期
（2016—2018年）

成长期
（2014—2015年）

成型期
（2019年一今）

短视频的发展历程

第一个阶段：萌芽期（2011—2013 年）

在该阶段，诞生了一些短视频平台，如快手、秒拍、有料等。从内容生产来看，该阶段已经出现 UGC 视频内容生产模式（用户生产内容的模式），在优酷、土豆等主流视频平台上，已经有很多拍客上传他们拍摄的视频。

第二个阶段：成长期（2014—2015 年）

2014 年，美拍、秒拍等平台推出了"冰桶挑战""全民社会摇"等活动，在全社会范围内引起了很大的关注。2015 年，手机视频用户规模快速提升，从 2014 年的 3.13 亿增长到了 4.05 亿。

第三个阶段：爆发期（2016—2018 年）

从 2016 年开始，以快手、抖音为首的短视频平台获得资本的青睐，各大互联网巨头纷纷入局短视频行业，短视频行业进入高速发展期。《第 43 次中国互联网络发展状况统计报告》显示，截至 2018 年 12 月，短视频用户规模已经达到 6.48 亿。

第四个阶段：成型期（2019 年—今）

经过近十年发展，短视频行业不断走向成熟，短视频竞争逐渐趋于稳定，商业模式日渐成熟，行业监督制度也不断完善。未来，随着 5G 技术的发展，短视频将会催生更多的玩法。

如今，短视频已经成了人们生活的重要组成部分，几乎每时每刻、随时随地都能看到在刷短视频的人。之所以如此，是因为短视频有强大的娱乐功能。除此之外，它还具有社交功能和传递信息的功能，具体如下。

1. 娱乐功能

和文字、图像相比，短视频呈现出的效果更加直观和生动，所以更容易满足大众的娱乐需求。如今，人们的生活节奏越来越快，繁忙的工作之余，人们都想通过娱乐放松自己的身心，而短视频给人们提供了丰富的娱乐内容，每个人都可以在里面找到自己喜欢的内容。

2. 社交功能

短视频作为一个平台，具有较强的社交属性，我们可以在平台里加很多的好友，和这些好友了解，分享自己的生活。当我们看到有意思的短视频后，也可以将它分享给我们的好友，一起感受短视频带给我们的欢乐。另外，我们还可以在短视频的评论区和陌生人交流，分享自己的经历和见解。

3. 传递信息的功能

通过短视频这一方式，可以向大众直观、生动地传递一些信息，这使得短视频在教育、新闻、宣传等领域占有重要的地位，甚至可以和传统媒体比肩。

那么，受众无数、功能全面的短视频，是怎么生产出来的呢？

目前，短视频的内容生产模式主要包括三种：专业生产内容（Professional Generated Content，PGC）、用户原创内容（User Generated Content，UGC）和专业用户生产内容（Professional User Generated Content，PUGC）。如表 1-1 所示。

表 1-1　短视频的内容生产模式

内容生产模式	生产者	特点
专业生产内容（PGC）	生产者多为专业的团队，具有很强的内容生产能力	内容专业性很强，质量可以得到保障，流量聚集效应非常明显，但门槛也很高
用户原创内容（UGC）	生产者多为普通用户，大多没有太强的生产能力，当然，也有少数用户具有很强的创作能力	门槛低，每个人都可以进行内容创作，并发布到短视频平台上，但内容质量参差不齐
专业用户生产内容（PUGC）	生产者通常掌握了某一领域的专业知识，具备一定的原创能力	结合了 UGC 和 PGC 的优点，能够满足用户更多的个性化需求。和 UGC 相比，内容的专业性更强一些，所以更容易吸引粉丝

短视频爆火的背后

不知不觉间，短视频已闯入人们的生活，成了很多人工作、学习之余消遣的必备项目。《中国网络视听发展研究报告（2023）》显示，截至 2022 年 12 月，中国短视频用户规模已经超过 10 亿人，人均单日在线时长超过 2.5 个小时。

为何短短几年时间，短视频能够火爆全网，其爆火背后藏着哪些秘密？说起这个，它可以说是占尽了"天时、地利、人和"。

碎片化时代的必然产物

碎片化，这个词其实早在 20 世纪 80 年代就出现了，原指完整的东西被分割成碎片。近些年，这个词再次出现在公众视野中，只是这次出现，它所代指的不再是某个东西，而是一种社会现象。简单来说，就是人们整块的时间被新媒体分割成了碎片化的时间，随之而来的就是人们生活，甚至工作方式的改变。和以往相比，人们整块的时间减少了，碎片化的时间增多了。而面对逐渐增多的碎片化时间，如何利用它们成了一个普遍的问题。

当然，这里的碎片化时代还包含另一层意思，那就是生活节奏的加快，也促使着人们更加重视生活中一些碎片化的时间。面对工作和学习的压力，很多人都觉得时间不够用，因此，抓住碎片化的时间放松自然成了一个选择。吃饭、午休、等公交、坐地铁、排队……这些都是碎片化的时间，在这些时间里，我们不具备很好的条件去固定、连续地做一件事情，也很难静下心来去做一些重要的事情，所以，那些可以在碎片化时间里做的事成了人们的首选。

在这样的时代背景下，短视频的爆火也就可以理解了。它可以填充人们碎片化的时间，虽然有些短视频并没有什么"营养"可言，但它至少能够作为一种消遣，让人们消磨碎片化的时间，同时得到身心上的放松。

大脑在"搞鬼"，技术在"作祟"

我们知道，人的很多行为是受大脑支配的，当某些事情产生了正向反馈的时候，大脑便会驱使着我们去做这些事情。在看短视频的时候，强烈的视觉刺激（很多时候还伴有听觉刺激）会使大脑产生愉悦，这属于正向的反馈，这种反馈会驱使我们去刷更多的短视频，以获得更多的正向反馈。然而，在反复的刺激下，大脑的敏感度会降低，多巴胺的分泌会减少，但大脑的需求并不会减少，这就需要刷更多的视频，才能获得与之前相同的愉悦感。

另外，大脑还有一个"毛病"，那就是懒惰。尤其在学习、工作了一天之后，大脑已经处于一种比较疲惫的状态，如果再去让它思考一些东西，疲劳感无疑会加重。短视频大多是以推送的模式出现在我们的手机屏幕上，我们不需要去搜索，甚至不需要去思考，大脑只需要"躺平"，便会有"甜品"源源不断地送上。

你以为这就完了吗？其实，还有技术在一旁"作祟"呢。我们在刷短视频的时候，看到感兴趣的视频，会更倾向于点赞、分享、收藏或评论，即便没有这些操作，只是点进去观看某个视频，也会被短视频平台的算法捕捉到。当平台推断出你喜欢什么类型的短视频后，便会更倾向于推送该类短视频，满足你的兴趣需要。

看到这，你也就明白了，为什么很多人一刷短视频就停不下来，根本原因是我们的大脑在"搞鬼"，但同时也有技术在一旁"作祟"。

短视频平台也有社交属性

短视频平台的社交大致可分为两种：一种产生于朋友之间，另一种产生于陌生人之间。朋友之间一般以分享有趣的短视频为主。当我们看到有趣的短视频时，想起某个朋友对该类话题也感兴趣，于是会将这个短视频分享给他。如今人们的生活节奏越来越快，和朋友联络的时间越来越少，而分享短视频成了朋友之间联络感情的一个渠道。虽然有时短视频分享过去之后，朋友只是回了一句"哈哈哈哈哈哈"，你也并不会责怪他，因为朋友在给你分享短视频的时候，你也经常只是回复一个"表情包"。对于现在的年轻人来说，不过分打扰已逐渐成了与朋友相处的一个准则，因为每个人都有每个人的生活。当然，这并不意味着朋友之间的感情淡了，当我们真正需要朋友的时候，朋友还是会出现在我们身旁。只是相较于过分的打扰，这种借助短视频平台形成的一种新型的社交，更符合当下年轻人的"口味"，也更符合当下年轻人的生活节奏。当然了，这种分享还有一个好处，那就是可以扩大短视频平台的传播范围，从而扩大用户规模。

对于陌生人而言，其交流主要出现在短视频的评论区。当我们在刷短视频的时候，有时会在某个短视频的评论区写下评论，或许是我们的感受，或许是我们的看法，也或许是我们自身的经历。一段时间后，我们收到了很多陌生网友的点赞和回复，他们对于我们的评论表示理解、认同，此时，一种认同感油然而生。当然了，有时，我们并不会在评论区写下任何评论，但也会去翻看评论区，当在评论区看到很多和你想法相近的评论时，你会感叹，原来，这个世界上还有那么多和我一样的人。这其实也是一种认同感或归属感的体现。无论哪种情况，都会让我们对短视频的好感度上升，也会让我们对短视频产生一定程度上的依赖。

短视频制作门槛较低

在短视频发展的过程中，各个短视频平台都推出了自己的视频剪辑软件，其操作非常简单，甚至为了用户能够更加快捷地制作短视频，还制作了很多短视频模板，用户不需要做任何的剪辑，只需要套用视频模板，便可以制作出一个短视频。如此低的视频制作门槛，吸引了很多人加入短视频制作的大军，也正是依靠这些人，短视频平台在较短时间内使内容实现了极大的丰富。

当然，你可能会说，这些人制作出来的短视频往往没有什么"营养"可言，而且也存在内容同质化的问题，并不会引来多少人观看。不可否认，这些依靠短视频平台推出的工具所制作的短视频，在质量上确实普遍不高，但它的的确确能够帮助人们记录生活，尤其当短视频获得一些人的点赞之后，成就感也会油然而生。所以说，低门槛的短视频制作，从某种意义上来说，是为了提高更多人的参与感，从而增强用户的黏性。

互联网技术的发展

除上述种种因素外，还有一个非常关键的因素，那就是技术因素。其中，最关键的一个技术因素是4G技术的普及，它是短视频得以快速发展的重要支撑。其实，早在2012年，快手便已经转型为短视频社区，但由于3G技术限制了移动互联网流量的消费，使得快手在当时并没有获得人们的关注。直到 2015 年，随着 4G 技术的普及，快手才真正迎来了市场。随后几年，短视频平台如雨后春笋般出现。如今，5G 技术已逐渐普及，虽然此时还没有看到太多由 5G 技术带来的变革，但土壤已经具备，剩下的，便交给时间，静待种子的生根发芽。

全面分析后我们便会发现，短视频的爆火其实不是偶然，也不是一两个因素影响的结果，而是诸多因素共同作用的结果，而在这其中，又有很多的门道，涉及传播学、心理学、社会学等。只有深入了解现象背后的原因，我们才能更好地认识短视频，进而更好地利用短视频。

短视频营销紧随其后

随着短视频的兴起，短视频营销也紧随其后，迅速发展起来。虽然我们对短视频已经很熟悉了，但对于短视频营销这个说法，很多人可能还比较陌生。其实，我们可以把短视频营销拆开来理解，即短视频 + 营销，短视频是载体，营销是目的。在此基础上，我们还需要再了解两个要素：一是短视频依附的平台，如抖音、快手，这是短视频得以大范围传播的基础；二是营销方式，即怎么借助短视频这个载体去营销，只有选对了营销方式，才能更有效地实现营销目的。了解了上面这些，短视频营销的概念也就清晰了，简单来说就是以短视频为载体，植入营销理念，然后借助短视频平台的传播能力，将产品、服务、企业品牌等宣传出去，从而实现营销目的的一种营销方式。

那么，和传统的营销方式相比，短视频营销有哪些优势呢？目前来看，短视频营销的优势可归结为五个"性"。

短视频营销的优势

1. 传播性

短视频的传播性之强，相信很多人都有所体会，只要短视频的内容符合大众的"口味"，便可以像病毒一样迅速传播开来。借助短视频的这一特点，短视频营销也具备了传播性强的优势。虽然传统的营销方式中，有些也具备传播性强的优点，如电视营销，但其所投入的成本要更高一些。说到成本，便不得不提短视频营销的第二个优势——低价性。

2. 低价性

和传统的营销方式相比，制作短视频并借助短视频进行营销的成本更低，如果要求不高，甚至只需要一部手机便可以完成短视频的制作。当然了，随着短视频营销竞争的加剧，短视频营销的成本也在增加，其低价性的优势在逐渐消失，因为只有制作出更好的短视频，才能获得更高的流量，也才能在激烈的竞争中获得优势，进而实现营销的目的。

3. 持续性

我们在观看短视频的时候，有时会发现一个现象，我们观看的短视频并不是当天或最近发布的，而是几个月，甚至几年前发布的。之所以会出现这个现象，是因为短视频平台在推荐短视频时，会以人物画像作为一个重要依据，虽然平台推荐的这个短视频是几个月，甚至几年前的视频，但根据人物画像来看，你对这个短视频非常感兴趣，所以便推荐给了你。这一特点使得短视频营销在持续性上具备了一定的优势，即品牌方想要营销的产品、服务以及企业品牌，甚至在几年后依然能够传播到用户手中。

4. 精准性

无论对于何种营销方式而言，精准性是非常重要的一个点，因为只有做到精准营销，才能实现利润的最大化。对于传统营销方式来说，要实现精准营销很难，因为无法对营销的对象进行分析，所以只能"广撒网"，但这必然会带来成本的增加。而在短视频营销这一模式中，营销方可以借助短视频平台对用户的画像，了解用户的兴趣和需求，进而实现更加精准的营销。

5. 互动性

和用户互动，既可以了解用户的需求，也可以拉近和用户的关系，进而促进营销目的的实现。对于传统的营销方式来说，要和用户实现互动存在较大的困难，尤其要实现实时的互动，更是难上加难。而在短视频营销中，营销方可以借助短视频平台比较轻松地实现和用户的互动。

了解了短视频营销的优势后，我们再继续深入挖掘其背后的理论支撑，了解了这些，我们就可以从更深层次把握短视频营销的本质，并用它去武装自己。

核心理论：营销学

在短视频营销的相关理论知识中，营销学是最核心的理论，而在营销学中，需要我们了解最基础的三个理论，它们分别是 4P 营销理论、4C 营销理论和 4R 营销理论。

1. 4P 营销理论

4P 营销理论中的 4P 分别是产品（Product）、价格（Price）、促销（Promotion）和渠道（Place）。

（1）产品（Product）。企业或者营销方能够为用户提供什么样的产品，包括有形的产品和无形的服务。这些产品需要满足用户的需求，所以功能诉求永远在第一位。

（2）价格（Price）。企业或者营销方给产品规定的价格，包括折扣、支付期限等。不同的产品有不同的市场定位，自然应该有不同的价格策略。

（3）促销（Promotion）。促销是刺激消费者的有效行为，如买一送一、打折都属于促销行为。在短视频营销中，采取怎样的促销方式，需要综合考虑成本、产品库存、消费者接受度等多个因素。

（4）渠道（Place）。渠道是指产品从生产企业流转到消费者手中所经历的各个环节的总和。对于短视频营销而言，短视频是产品营销的渠道。由于不同的短视频平台有着不同的优势，所以在营销产品时，也需要结合产品选择适合的渠道。

2. 4C 营销理论

4C 营销理论中的 4C 分别是消费者（Customer）、成本（Cost）、便利（Convenience）、沟通（Communication）。

（1）消费者（Customer）。购买企业产品或服务的用户。在短视频营销中，企业或营销方需要先了解用户的需求，然后根据用户的需求提供产品或服务。在提供产品或服务的时候，企业或营销方需要关注在此过程中产生的客户价值。

（2）成本（Cost）。企业或者营销方将产生卖出去的所有成本，包括生产成本、营销成本、物流成本等。控制成本才能获得更多的利润，也才能给顾客提供更多的降价空间。

（3）便利（Convenience）。用户在购买产品或服务时，不仅会考虑价格，还会考虑产品购买或享受服务的便利与否，所以在短视频营销者，如何为用户提供便利，也是一个必须考虑的因素。

（4）沟通（Communication）。企业或营销方应与用户进行积极有效的沟通，一方面获取用户的需求和建议，改进产品和服务；另一方面与用户建立良好的关系，维持用户黏性。

3. 4R 营销理论

4R 营销理论的 4R 分别是关联（Relevance）、反应（Reaction）、关系（Relationship）、回报（Reward）。

（1）关联（Relevance）。企业或营销方应尽力与用户建立起关联，寻找自己和用户的共鸣点。

（2）反应（Reaction）。针对用户和市场的反馈，企业和营销者应迅速做出反应，切忌置之不理，这样容易失去市场，降低用户黏性。

（3）关系（Relationship）。在短视频营销中，企业或营销方与用户的关系应发生改变，不能再简单地将其定位为卖方与买方的关系，而是要建立一种互助、互需的关系，使交易变为责任，进而增强用户的黏性。

（4）回报（Reward）。营销的落脚点是回报。这个回报既可以是短期的利益，也可以是长期的利益。在短视频营销中同样如此，如果没有回报，短视频营销很难持续。当然，在允许的情况下，可以牺牲短期回报，以换取长期回报。

剖析人心：心理学

在短视频营销的相关理论中，心理学也占有一席之地，因为营销的对象是人，而只有了解了大众的心理，才能更好地抓住用户，进而实现营销目的。人的心理非常复杂，我们很难去了解每一位用户的心理，但可以了解一些具有普适性的心理，即很多人都存在的心理。

1. 从众心理

从众心理是指人受到外界群体影响或者受到群体压力而跟从群体选择的一种社会心理[1]。从这个定义可知，从众心理的产生可能是被动的，也可能是主动的。当外界群体对个体施加压力时，个体会被动地选择和群体相同的选择；但有时外界并没有直接对个体施加压力，个体有选择的自主权，可以

---

① 梁文.互联网＋背景下中小学英语教学模式改革[J].鞍山师范学院学报，2016，18（05）：37-40.

主动进行选择，但很多时候，人们还是会受到外界群体的影响，进而做出和群体相同的选择。在短视频营销中，可以运用这一心理，通过明示或暗示的方式，让用户感觉到自己所做的选择是和群体相同的。

2. 占便宜心理

大部分人或多或少地都会存在一些占便宜的心理。对于这个心理，我们应该正确地看待，不能一概而论地认为占便宜就是不好的，因为很多人都希望能够用更低的价格去买到自己想要的东西或服务。因此，在短视频营销中，我们可以突显一些优惠的信息，让用户感觉到比其他渠道可以少花一些钱，这样用户更容易下单。

3. 权威心理

对于一些威望高、受人尊重的人，他所说的话更容易引起人们的重视，也更容易被人们相信。在短视频营销中，如果能够邀请有权威的人带货，用户对产品的信任度也会增加，进而促成用户下单。

4. 稀缺效应

对于一些因为比较抢手进而导致比较稀缺的产品，更容易激发起用户的购买欲，也更容易带动用户的跟风购买。在短视频营销中，可以运用这一心理，制造一种供不应求的现象，促使用户尽快下单。

5. 好奇心理

人们天生对新鲜事物感到好奇，短视频通过提供新颖的内容或展示独特的产品功能，可以有效激发观众的好奇心，驱动他们进行更深入的探索或购买。

6. 归属感心理

人们渴望成为某个群体的一部分，短视频营销可以通过创建社群或倡导品牌文化，让消费者感觉到自己是一个更大集体的一员，从而增强对品牌的忠诚度。

7. 验证心理

消费者在做出购买决定时，往往寻求外部验证以确认自己的选择是正确的。短视频中的用户评论、评分或推荐可以作为这种验证，帮助消费者建立信心。

除了上面这些，其实短视频营销还涉及传播学、社会学、统计学、消费者行为学等知识，只是相对上述两个方面，其影响度稍小一些，所以在此就不做赘述了。

新概念，新商机：兴趣电商

这几年，"兴趣电商"的概念开始进入公众视野。那么，究竟什么是兴趣电商？

在解答这个问题之前，我们先来看一组数据。

2016 年至 2018 年，我国在线直播短视频用户逐年增长，数量分别达 4.56 亿、6.48 亿，同比增长 14.6%、58.0%，同年国内 10 万粉丝以上的网红数量同比增长 51%，头部网红（超过 100 万粉丝）数量增长 23%。截至 2018 年 4 月，我国网红粉丝总人数达 5.88 亿人，同比增长 25%。

截至 2020 年 6 月，我国网络视频用户达 8.88 亿，占网民整体的 94.5%，短视频成为新闻报道新选择、电商平台新标配。

截至 2021 年 2 月，在电商直播中购买过商品的用户占整体电商直播用户的 66.2%，其中 17.8% 用户的电商直播消费金额占其所有网上购物消费额的三成以上。

2022 年，我国移动互联网接入流量达 2618 亿 GB，同比增长 18.1%。

通过移动互联网，人们可以使用手机、平板电脑等移动终端浏览新闻、刷短视频等。2022年累计主播账号超过1.5亿个，同比增长7.1%，短视频内容创作者账号累计超10亿个。2022年我国网络表演行业（直播与短视频）整体市场营收达1992.34亿元（不含线上营销广告业务），同比增长8%。

截至2022年12月，中国短视频用户规模已经超过10亿人，人均单日在线时长超过2.5个小时。直播、短视频行业直接或间接带动就业机会超1亿个，主要直播、短视频企业吸引求职者数量约50万人。

这些数据来自权威机构发布的《中国互联网络发展状况统计报告》《中国网络视听发展研究报告》等，从中可以看出，不论是直播短视频用户、账号，还是相关的电商营收、从业规模，近年来都处于一个高昂的持续上升状态。

而这，正是兴趣电商横空出世的土壤。

什么是兴趣电商？

2021年，抖音电商率先抛出"兴趣电商"的概念，这是"电商"概念出现以来首次拥有了一个鲜明的前缀，也因此明确了一种全新的电商生态：通过短视频、直播，用户发现并了解商品，而优质的内容则激发了用户潜在的消费需求。

具体怎么理解呢？"兴趣电商本质上是基于用户偏好进行精准匹配推送内容，通过内容来激发潜在、增量消费需求，促成商品交易的一种新的电商模式，通过'短视频＋直播带货'的方式实现。"北京电子商务协会副会长兼秘书长马小森曾就此解释，兴趣电商增进了供需双方的互动交流，使供给侧能够更加直观、精准地触达需求侧。

换句通俗的话说，兴趣电商的核心就是，主动帮助用户发现他潜在的需求。

再通俗点儿，我们借用一个形容：与之前的电商消费形式相比，兴趣电商有点儿像逛街。

在电商出现早期，人们希望买到自己需要的东西，搜索式电商满足了这一阶段的用户需求，是"人找货"的阶段。而接下来的社交电商则开始进入"货找人"阶段。

在社交电商中，人的价值开始发挥重要作用，通过用户与用户建立联系，进而推荐商品，极大提升了用户对不熟悉商品的信任感。更关键的是，在这一电商生态中，产生第一次交易后，真正的裂变才开始。通过社群或个体联系，社交电商可以覆盖单个用户所有生活必需品。由此，专业的社交电商玩家诞生，有了与传统电商分庭抗礼的实力。

可见，随用户消费习惯的变迁，在不同阶段会诞生不同的电商模式。目前，用户就已经出现了新的消费习惯。

与电商刚崛起的时代不同，如今网购已成为一种基础消费形式，成为大多数用户日常生活的基础组成部分，而此时大部分用户已经跨越了生存需求阶段，越来越愿意为自己的兴趣付费。

这一用户在电商平台消费习惯的变迁，套用到实体消费领域，就像早期大众消费时代，大家是需要什么买什么；后来生活富裕了，出现了很多shopping mall、精品店，大家去逛街，也没有什么特别明确的需求，就是看到什么，觉着喜欢就买。兴趣电商即提供给用户逛街的空间。

因此，兴趣电商对应的消费特征是：用户存在潜在的消费需求，但并不知道真正契合自己需求的是什么商品，或者说，在海量的商品信息、层出不穷的新科技新产品面前，用户不知道自己的兴趣和需求究竟应该以怎样的产品形态出现，而在观看短视频或直播的过程中，丰富而生动的内容会激发出用户潜在的消费需求，从而转化为商品订单。

用户眼中"丰富而生动的内容"，即为"兴趣"。可以说，短视频和直播带货，将商品展示变得更加生动、直观，更让用户发现并提起兴趣，而这也是推动兴趣电商兴起的时代背景。

从上文各项维度的数据来看，短视频已经成长为互联网行业第一大用户时长、流量和内容的聚集地。这意味着，很多用户的喜好在短视频这个巨大的内容平台上展示，他们对感兴趣的内容点赞和评论。根据用户喜爱的内容，发现用户的潜在需求，给他们推荐他们感兴趣的商品，这就是兴趣电商。

进一步来说，兴趣电商将会带来如下几点改变：

（1）消费习惯变化。消费者从需求导向转向兴趣导向，越来越多地通过探索和发现来满足自己的兴趣爱好，而非仅仅解决需求。

（2）消费路径演变。传统的"搜索—比较—购买"模式正在向"发现—互动—购买"模式转变。消费者通过内容的吸引和社区的推荐发现商品，然后通过互动增强购买意愿。

（3）消费特征差异化。现代消费者更加注重商品和购物体验的个性化，追求与自己兴趣相匹配的产品。他们倾向于在兴趣社区内寻找反馈和建议，以此来做出购买决策。

（4）技术驱动个性化。利用大数据和人工智能技术，兴趣电商能够准确分析用户的兴趣点和消费行为，提供高度个性化的商品推荐。

（5）社区与互动。强调建立社区环境，促进用户之间的交流和互动，通过用户生成内容来增加商品的吸引力和信任度，从而促进销售。

兴趣电商通过结合这些要素，为消费者提供更加丰富、个性化的购物体验，同时也为商家提供了更有效的营销策略。

熟悉战场：
短视频平台的诸神之战

第2章

在我们的朋友圈里，不同的朋友对短视频 App 的喜好各不相同。有的喜欢抖音的潮流元素，有的偏爱快手的真实记录，还有的选择 B 站的二次元文化……。每个人都有自己的理由，让我们一起听听他们的心声。

"我每天都离不开抖音。"小杨兴奋地说，"这里充满了新鲜和创意，无论是音乐、舞蹈、搞笑还是生活技巧，都能让我开怀大笑或学到新知识。而且，抖音上的达人们总能引领潮流，让我时刻走在时尚前沿。"

"快手给我展现了一个真实的世界。"小李分享道，"我喜欢看普通人分享他们的生活点滴，那些平凡而真实的故事总能触动我的心弦。快手上没有刻意的包装，只有最真挚的情感。"

"B 站是我的精神家园。"小赵坚定地说，"在这里，我可以找到有共同爱好的朋友，一起探讨二次元的魅力。无论是 ACG、音乐还是鬼畜，B 站都能满足我对二次元文化的需求。"

"小红书是我的时尚宝典。"小周自豪地说，"每次打开小红书，都能看到各种潮流穿搭、美妆秘籍和旅游攻略。这里不仅有明星达人的分享，还有无数像我一样追求品质生活的普通人。"

"对我来说，视频号是关注家人朋友动态的温馨窗口。"小张动情地说，"这里汇聚了我亲朋好友的日常点滴。虽然世界很大，但视频号让我们的距离变得更近。"

每个人的选择背后都承载着他们独特的生活态度和情感需求。在这个多元的世界里，不同的短视频 App 如同一扇扇不同的窗，展示了多彩的内容和风格。每个人都在这些窗户间游走，寻找属于自己的那片天空。

对于短视频运营者而言，要想做好短视频营销，就需要了解各个短视频平台，尤其要了解当前几个比较主流的短视频平台各有什么特色，做到知己知彼，百战不殆。

抖音：从记录美好生活到兴趣电商的提出

抖音，2016 年 9 月上线，此时，它的名字还不叫抖音，叫 A.me，口号是"让崇拜从这里开始"，对准的目标群体是年轻人。三个月后，A.me 改名为"抖音"，目的更加明确，做音乐短视频社区，对准的用户也更加精准——时尚的城市年轻人。

2017 年，抖音赞助了一款名叫"中国有嘻哈"的音乐节目，在这款音乐节目的带动下，抖音用户开始出现比较明显的增长。此后一段时间，抖音一直以"泛娱乐"为主，吸引了很多娱乐平台的用户。

2018 年，抖音将口号改成了"记录美好生活"，其宗旨是帮助用户表达自我，记录随时发生在身边的美好生活。在抖音上，用户可以拍摄十几秒的短视频，然后配上合适的背景音乐，如果有需要，还可以做一些专业的剪辑处理，让短视频呈现出更好的视觉效果。也是从这一年开始，抖音开始发力，贴出了一系列好玩的贴纸、特效，内容也开始变得多样化。

2018 年 6 月 12 日，抖音平台首次对外公布了用户数据，国内的日活用户超过 1.5 亿，月活用户超过 3 亿。借助抖音这个平台，很多普通人实现了"逆袭"，成了坐拥几百万，甚至几千万粉丝的大网红。

2019 年，抖音推出了一种新的玩法——Vlog，创业 Vlog、旅行 Vlog、做饭 Vlog……各种 Vlog 出现在平台上，短视频的时长也从原来的 15 秒增长到一分钟。

2020 年，抖音日活突破 4 亿，但与此同时，抖音的发展也迎来了瓶颈，为了获得更多的用户，抖音开始指向下沉市场。事实证明，抖音在下沉市场的运营也非常成功。也是在这一年，抖音全面进军电商领域。

对于抖音的电商模式，外界给出了很多解读，有的解读为直播电商，有的解读为内容电商。

什么是直播电商，想必很多人都不陌生，简单来理解，就是我们常说的直播卖货，主播在镜头前介绍产品，用户有需要或者产生了消费欲望，下单购买。

什么是内容电商，可能很多人对这个概念比较陌生，简单来说就是以内容为营销手段，用内容吸引用户，促使用户下单。

这两种解读其实都不够准确，于是，在 2021 年 4 月举办的"抖音电商首届生态大会"上，抖音电商总裁康泽宁提出了一个全新的概念——兴趣电商，并将其解释为"一种基于人们对美好生活的向往，满足用户潜在购物兴趣，提升消费者生活品质的电商"。

关于兴趣电商是什么，我们在前面做了详细的解读，在这里我们就不赘述了。

兴趣电商的提出，对电商行业来说仿佛一个深水炸弹，很多人开始重新认识电商。此时，也恰恰是传统电商发展的瓶颈期，很多在传统电商上无法更进一步或者无法做出成绩的品牌纷纷转到抖音平台，开始了兴趣电商之路。

其中，崛起最快的就是诸多"国货品牌"。《2021 抖音电商国货发展年度报告》显示，在抖音平台上，国货的占有率达到 89%，销量同比增长超过600%，其中，个护家清、服饰鞋包、食品饮料、美妆的销量增长最快。

2022 年 4 月，抖音举办了"抖音潮流东方季"的活动，旨在把传统工艺品和优质的国货带到更多消费者面前。此次活动为期 12 天，共覆盖数百万款国货，涵盖美妆、家居、珠宝、服饰、酒水、食品等多个行业。在众多产品中，汉服销量增长最为显眼，同比增长超过 300%。

在"兴趣电商"的连接下，越来越多的人开始认识国货、认同国货，许多在传统电商里无法做出成绩的国货品牌，在"兴趣电商"领域实现了逆袭，赢得了很多忠实的消费者。

同一时期，抖音出现了一个现象级话题——刘畊宏健身操。这个话题的火爆，直接带动了抖音平台健身器材的销售量。抖音电商数据显示，仅2022年4月，抖音电商平台就卖出了75万件跳绳、11万件哑铃和22.9万件瑜伽垫，其中，瑜伽垫的销量同比上月增加了近50%。一个有趣的现象是，此时，刘畊宏账号并没有开通电商功能，这些运动器材的交易都发生在抖音平台的中小商家。

刘畊宏的例子证明（刘畊宏激发人们健身的兴趣，随机带动健身器材销量的增长），依靠优质内容支撑的抖音，很容易引领兴趣电商的潮流。

2022年，抖音电商每月新增短视频超2亿条，电商直播多达900多万场，在优质内容的驱动下，未来一段时间，抖音仍将是兴趣电商的主场。

抖音从记录美好生活到成为兴趣电商平台的转变体现了几个关键经验：首先，抖音利用强大的算法推荐系统，确保用户能发现与个人兴趣高度匹配的内容，这增加了用户粘性和参与度。其次，通过引入电商功能，抖音为内容创作者和商家提供了变现途径，同时也为用户带来了便捷的购物体验。最后，抖音不断优化用户界面和购物流程，使得从内容发现到购买的过程更加无缝和自然。

B站：专注"Z世代"建设

B站，全称bilibili（哔哩哔哩），B站是粉丝们给它的"爱称"，另外，它还被粉丝们亲切地称为"小破站"。B站创建于2009年6月，是目前几个主流短视频平台中成立时间最早的。2023年8月17日，B站公布了截至2023年6月30日的第二季度未经审计的财务报告。财报显示，B站日均活跃用户达 9650 万，月均活跃用户达 3.24 亿，用户日均使用时长达 94 分钟，创同期历史新高。

什么是"Z 世代"

当下，不少媒体会用"Z 世代"来代指当代的年轻人，那究竟什么是"Z 世代"？简单来说，就是 1995 年至 2009 年出生的一代人。

相比于"Z 世代"，我想大多数人可能更熟悉"90 后""00 后"这样的称呼，甚至可以更细化地将这代人称为"95 后""00 后"和"05 后"。既然这种称呼已经被大家熟知，为什么又出现了"Z 世代"这一称呼呢？

其实，"Z 世代"这种称呼最开始流行于欧美，他们和我们一样，也喜欢按照时代给人群做划分，或者说，也喜欢用一个简单的词去概括当地年轻人的群体特点。不过，不同于我们以 10 年（"80 后""90 后""00 后"）或 5 年（"90 后""95 后""00 后"）为一个时代的划分方法，他们更习惯以 15 年作为一个世代，于是出现了"X 时代"（1965—1979 年间出生）"Y 世代"（1980—1994 年间出生）"Z 世代"这样的称呼。

在我国，之所以引入"Z 世代"这一称呼，是因为这代人存在着一个突出的共性：都是伴随着网络成长起来的。所以，也有人称这个群体为"互联网时代的原住民"。

据中国国家统计局 2018 年的数据显示，中国大陆的"Z 世代"人口总数约有 2.6 亿，约占人口总数的五分之一。就年龄来看，他们处于 14 ～ 29 岁这个年龄段，消费能力普遍偏弱，但 10 年之后，这个群体将成为市场消费的主力军，所以从某种意义上来说，抓住这个群体，也就等于抓住了消费市场的未来。

当然了，这个群体所呈现的价值不仅仅是潜在的消费能力，更在于这个群体是真正的年轻群体，而年轻这两个字，意味着活力，意味着好奇心，意味着创造力，意味着勇气……这些才是他们所呈现出的最重要的价值。

B 站的"Z 世代"建设

B 站的创办者是一位热爱二次元文化（动漫、游戏衍生出的一种带有虚拟性质的文化）的宅男，创办的初衷也很简单，就是想让更多人接触和了解优秀的二次元文化。所以，在很长一段时间，B 站都只是二次元文化爱好者的聚集地，它也被粉丝们看成中国二次元文化的发源地。

仅仅依靠"二次元"这一个标签，到 2018 年，B 站的月活跃用户就达到了近一个亿。也是在这一年，B 站在美国纳斯达克证交所挂牌上市。

上市后，为了进一步扩大用户规模，B 站不再局限于"二次元"这一个标签，将目光转向所有的年轻人，开始了它的"Z 世代"建设。

要吸引年轻人，就要有优质的内容。对于包括短视频平台在内的所有视频平台而言，内容的来源无非两个渠道：一是平台花钱购买；二是用户自己生产。

从 2014 年，B 站购买了第一部人气动漫《Fate/stay》并取得成功后，B 站一直在持续购买各种视频资源，但由于视频资源以动漫资源为主，所以这个渠道指向的群体依旧是二次元文化爱好者。

也许有人会好奇，既然 B 站想破圈，为什么 B 站购买视频资源仍旧以动漫资源为主呢？

一方面，购买视频资源需要支付高昂的版权费，对于 B 站来说，虽然很多粉丝调侃称它为"哔哩哔哩矿业有限公司"（B 站近些年一直在亏损，但一直没有倒闭，所以粉丝吐槽 B 站有矿，不怕亏损），但其实 B 站的资金并不是那么充裕，所以，就要舍弃大部分动漫资源以外的视频资源。而且，在视频资源这一块，还有优酷、腾讯、爱奇艺等竞争对手，B 站没有必要用自己的短处和别人的长处竞争，它只需要经营好动漫这个阵地，便能够保留住大部分的二次元用户。另一方面，也从某种意义上来说，这也是 B 站对自己初心的坚守。

既然第一条路走不通，那就走第二条路，鼓励用户自己创作内容。早期，B 站的视频创作者（俗称"up 主"）无论创作出多么优质的内容，平台都不会支付报酬，他们当中的大部分 up 主都是在"用爱发电"。显然，这条路是走不长远的，于是，为了激励 up 主们创作出更加优质的内容，也为了吸引更多的用户成为 up 主，让他们也产出优质的内容，B 站推出了一系列的激励措施，包括百大 up 主颁奖、悬赏计划、创作激励计划、充电等。

在这些措施的激励下，越来越多的用户转变成 up 主，开始积极创作优质的内容。up 主多了之后，又出现了另一个问题，内容同质化。于是，一些 up 主开始另辟蹊径，去新的领域创作内容。就这样，B 站的内容从最开始的二次元，拓展到了科技、生活、美妆、旅游等领域。如今，B 站的短视频几乎涵盖了所有的短视频类型。

"优质＋丰富"的内容，吸引了越来越多的用户入住 B 站，其中，大部分用户都是年轻群体。

为什么 B 站吸引的用户大部分是年轻群体呢？

因为 B 站最开始积累的用户大多是年轻群体，他们转变为 up 主后，面向的用户群体主要也是年轻人，为了吸引他们，创作的内容必须年轻化，而年轻化的内容，吸引的自然是年轻群体。

另外，这些年轻的 B 站用户身边的朋友大多和他们年龄相仿，当他们分享短视频的时候，一般也只会分享给身边的同龄人，所以借助原始用户实现的用户规模扩大，也必然会与原始用户呈现出一定的同质性，而年轻就是他们最大的同质性。

于是，B 站的年轻群体越来越多。与此同时，B 站也实现了完整的内容自增长闭环。

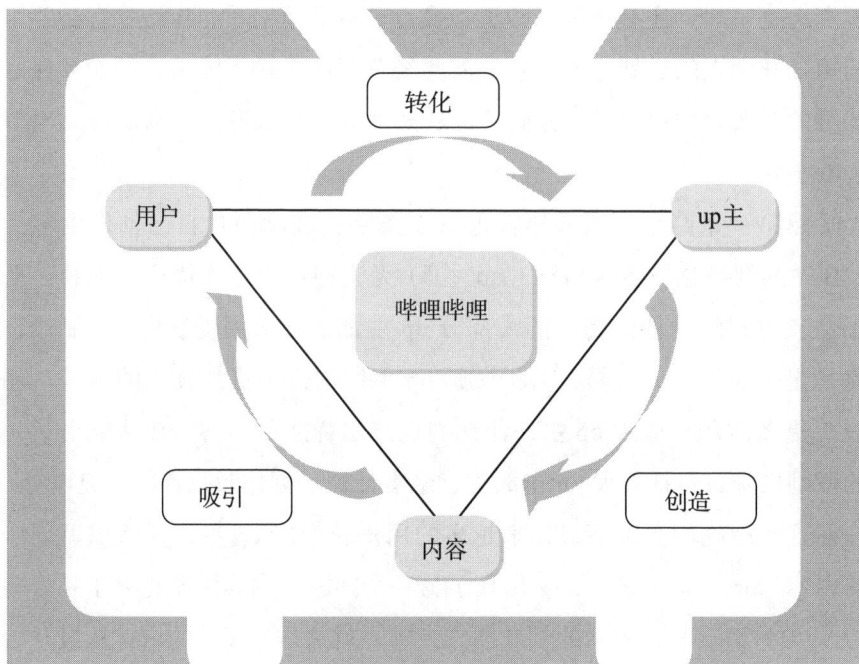

完整的内容自增长闭环

当然了，吸引只是第一步，最重要的是留住用户。为了增强用户黏性，弹幕文化出现了。

在 B 站看过视频的人都知道，它有一个非常大的特色，就是屏幕上会滚动很多评论性的字幕。这些字幕有些是正在观看视频的人实时发出的，有些是之前观看视频的人发出的，但无论是什么时候发出的，所有的弹幕都会叠加到这个视频中。当这个视频发送弹幕的人多了之后，就会看到非常壮观的一个景象，整个屏幕几乎都会被弹幕遮住。

当然了，弹幕是可以关掉的，也可以选择只保留屏幕顶端的几行，这样既不会影响观感，也可以看到弹幕。

如果说视频是 up 主的价值观输出，那弹幕就是观看用户的价值输出，他们在观看某个视频的过程中，可能某个点触动了他们，然后发出一条弹幕，或是吐槽，或是感慨，抑或只是跟着别人的弹幕发一条一模一样的（点一下"+1"即可）。

弹幕其实可以看作是评论功能的延伸，但和传统的评论功能相比，弹幕给人的实时性更强，因为只有你观看视频，它就会出现在屏幕中。这种实时性会给用户一种实时互动的错觉，好像身边有很多人在和你一块看这个视频，一起讨论这个视频。所以说，弹幕的出现看似是一个小小的改变，但增强了用户的沉浸式体验，也能够让他们在弹幕中找到情感与价值的共鸣。

"Z 世代"注重体验，注重情感、价值观的共鸣，弹幕的出现恰好迎合了他们的需求，双方一拍即合。就这样，B 站一步步完成了它的"Z 世代"建设，成了最受年轻人欢迎的视频社区，这是它不同于其他短视频平台最大的特色。

小红书：解锁"直播 + 笔记"新玩法

小红书有一个称号，叫"国民种草机"，之所以获得这样一个称号，和它一直以来重视"社区分享"的理念有关。

小红书成立于 2013 年，成立的初衷是为了满足北、上、广、深等大城市的跨境海淘需求，目标是做一个"海外商品真实的口碑平台"。最开始，小红书做的只是在网站上上传 PDF 版本的购物攻略，就是告诉人们，国外的哪些产品值得买，怎么买。虽然模式很简单，但非常受欢迎，有些 PDF 的下载量甚至达到了几十万次。

一段时间后，小红书创始人意识到，很多海淘爱好者不仅有着强烈的求知欲，还有着强烈的分享欲，他们在买到好东西之后，会有想教别人怎么买东西的欲望。但是，这种诉求很难通过 PDF 实现。此时，移动互联网的浪潮已经到来，小红书决定从电脑端转到移动端，做"用户分享社区"，让海淘爱好者们自己进行互动。2013 年 12 月，小红书推出了第一款 App，内容依旧以分享海外购物的攻略为主，不同的是，此时的小红书不再是单纯的"工具书"，而是成了"海淘攻略共创共享社区"，"种草"这个出自"天涯社区"的词也成了小红书的身份标签。

上线仅仅一年的时间，小红书用户超过了 1000 万，在当时，这个数据增长非常惊人。但与此同时，小红书也迎来了一个非常严峻的问题。小红书的用户在购买产品之前，喜欢到小红书看攻略，但小红书没有电商功能，用户决定购买某个产品后，还需要到平台外去购买。为了解决这个问题，小红书决定进军电商行业。

2014 年 12 月，小红书上线电商平台——福利社，直指跨境电商。小红书的经营范围从"产品种草"拓展到了"电商拔草"，口号也从"把旅行装进你的购物袋"改成了"找到国外的好东西"。为了丰富平台的产品品类，小红书开始和第三方购物平台合作。此时，小红书基本完成了"社区＋电商"的闭环。

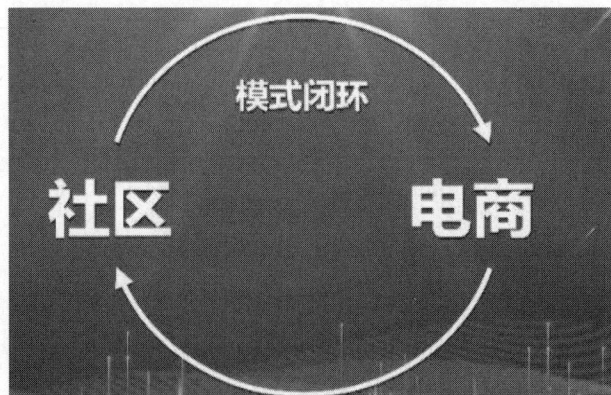

"社区＋电商"的闭环

然而，事情并没有向着预想的方向发展。小红书的电商之路非常艰难，因为在这一年，网易推出了"考拉海购"，阿里巴巴推出了"天猫国际"，京东推出了"京东全球购"，与这些电商巨头相比，无论是供应链，还是售后能力，都没有优势可言。对于小红书的用户来说，小红书更多时候扮演的"种草机"的身份，买东西的话，还是会到京东、天猫等更加专业的电商平台。所以说，小红书"社区＋电商"的闭环模式其实并没有真正实现。

既然电商这条路走不通了，那就做回老本行。2016 年，小红书决定强化社交功能，弱化电商功能，口号也从"全世界的好东西"变成了"全世界的好生活"。这次改变，虽然依旧强调"种草"，但"种草"的范围变得更广，不再局限于商品，而是各种各样的生活方式。

为了吸引更多用户关注小红书，小红书开始邀请明星入驻，请他们在小红书平台上分享自己的生活。人们惊奇地发现，在小红书这个平台上，你可以看到明星们的日常，可以看到明星们分享的各种"好物"。

2018 年，小红书再次调整定位，把聚光灯从明星、红人身上转移到大众身上，口号也从"全世界的好生活"变成了"标记我的生活"。"全世界的好生活"展现的是那些明星、红人的生活，而"我的生活"可以是每一个人的生活。在这个价值下，商品依旧可以呈现出来，只不过不再以"炫耀"的形式出现，而是以更贴近大众生活方式的形式出现。此时，小红书不再单纯地是一个"商品种草机"，而是成了"国民工具书"。

2019 年 6 月，小红书进行了直播试水，邀请平台的部分创作者参与，并开放了大众入口。经历过此次直播试水的人应该发现了，它的风格和淘宝很像。不过，还没等这次试水发酵，直播功能就被悄无声息地下线了。

之所以会下线，可能是因为此次的直播玩法不够具备差异化，效果不是很理想。相比于抖音、快手、淘宝，小红书入局直播的步伐慢了不止一步，想要分得一杯羹，必须走差异化路线。

经过半年的摸索，小红书在 2020 年初提出了"直播＋笔记"的新玩法。笔记功能是小红书的核心功能，这是它与其他短视频平台相比所具有的优势，而"直播＋笔记"的玩法，从某种意义上来说，就是它基于核心功能做的玩法上的延伸。

不了解小红书的人可能会疑惑，直播怎么"+"笔记呢？解释起来非常简单，在主播的直播间，有跳转到笔记的链接，用户在直播间可以直接跳转到主播的笔记页，在笔记页，用户可以看到更多的深度内容。

相比于单纯的直播而言，"+"了笔记之后，可以给用户呈现出更多具有深度的内容，这对于提升用户的存留时间，提高用户黏性，具有积极的促进作用。

这个新玩法虽然做到了差异化，但同时也带来了一个问题——内容门槛提高了。

对于创作者而言，他们具备图文和短视频的创作功能，但直播和图文、短视频的内容介质是不一样的，直播需要主播具备较强的沟通能力、控场能力，而大部分的创作者，并不具备这些能力，让他们直播，无疑是让他们做一件自己不擅长的事情。

有人在忧愁，必然也有人在欢喜，这位欢喜者，就是 MCN 机构（为短视频创作者提供支持的服务平台或机构），他们有专业的团队，对于他们来说，内容创作门槛的提高根本就不是事，无论是图文、短视频的内容创作，还是直播设计，对于 MCN 机构来说，早已得心应手。

所以，对于创作者来说，要想跟随平台开启"直播＋笔记"的新玩法，要么提升自己的直播带货能力（需要消耗大量的精力），要么构建属于自己的团队，要么加入 MCN 机构。

其实，不只创作者在面临选择，平台也在面临选择，要开拓新业务（"直播＋笔记"），就需要在原有业务上做一些舍弃（笔记），如何抉择？如何在二者中间找到一个平衡点，是一个问题。

目前来看，小红书"直播＋笔记"的玩法成功迈出了第一步。2023 年，小红书对"笔记带货"的功能进行了升级，旨在改善合作模式，进而实现更加高效的转化。

当然了，小红书未来的电商之路并不好走，要实现它的"电商梦"，还有很多的山峰需要跨越。

快手：很土？很 low？你误解了它

　　快手，成立于 2011 年，当时的主营业务是制作动图（GIF）。两年后，我们进入 4G 时代，智能手机也在逐步普及，快手创始人意识到，做动图的时代该结束了，短视频和这个时代无疑更加匹配。

　　事实证明，快手的选择是对的，2015 年，快手的用户达到了 1 亿；2016 年，快手的用户增长到了 3 亿；2017 年，快手的用户超过 5 亿，日活超过 1 亿；到 2023 年，快手平均日活用户达到了 3.76 亿，平均月活用户达到了 6.73 亿。

　　这些数字代表着快手的成功，也代表着快手同样是一个巨大的流量池，但我们在这里要说的，不是快手的流量，而是快手所传递出来的温度。

一个有温度的平台

　　在很多的人印象里，快手是"土""low"的代名词，但其实，这是很多人对快手的误解。不可否认，快手里有很多"土""low"，甚至低俗的内容，但其实，哪个短视频平台没有这些内容呢？但为什么只有快手给人留下了"土""low"的印象，这是因为相比较而言，快手里，"土""low"的内容更多一些，而导致这一现象的原因也是我们说快手有温度的原因。

　　快手作为一个短视频平台，他的产品理念是以人为本，简单理解，快手关注的是来到这个平台的每一个人，而不是内容。这一点，从快手的口号"拥抱每一种生活"也可以看出来，快手在鼓励每一个人去勇敢地表达，每一个人在这里，都可以拥抱自己的生活。

　　既然快手的核心是人，那么他们首先要做的就是找到更多的人，而在中国，哪里人更多的，显然，不是北、上、广、深这些一二线城市，而是三四线城市和农村。所以，快手一开始走的是"下沉"路线，它瞄准了人更多的三四线城市和农村。与此同时，生活在三四线城市和农村的很多人，也有表达自己的需求，而且也希望享受到科技的红利。双方一拍即合，快手在"下沉"市场获得了很多用户，两年时间，用户人数便超过了1亿。

为了激励普通用户在快手表达自己，快手采用了"普惠式"的算法，这种算法的特殊之处在于，当一个账户或者短视频的流量达到了一定数值后，会对其做一定的限流处理，然后把这些本该流到该条短视频的流量分给其他的普通用户。这个算法的运用，再次强化了快手的产品理念：快手不是为了大V存在，而是为了普通用户存在的。

所以，在快手平台上，我们会看到一个现象，出现在首页上的短视频，并不都是高赞、高评论，有些甚至只有几千、几百个赞。快手希望的是，这些普通用户的内容，也可以被更多的人看到。

"普惠""普通用户"，这些导致的一个问题就是平台会产生很多不优质的内容，甚至"土""low"的内容，因为这些用户不具备产出优质内容的能力。另外，在算法的加持下，那些不那么优质的内容，甚至"土""low"的内容也会被用户看到。久而久之，"土""low"成了人们对快手的固有印象。但反观另一面，这又何尝不是快手有温度的体现呢。

它更像一个"短视频社区"

快手非常重视社交，它希望自己能够成为一个"短视频社区"，而不只是刷短视频的地方。为了实现这一点，快手在推荐算法上做了一些设计，相比于没有过任何互动的用户，快手更倾向于向你推荐和你有过互动的人的内容。因为有过互动的人，在价值观上可以更大概率上存在相同点，推荐他们观看彼此的内容，可能更容易让彼此产生共鸣，进而建立起更深的联系。

为了方便用户和博主发生互动，快手在短视频的播放页也做了设计，用户观看完短视频后，上滑就是评论区，而其他短视频平台，如抖音，上滑进入的是下一条短视频。

在快手上，用户可以给任何人发私信，没有数量限制，平台希望的就是你和博主去联系，而不是看完短视频人就走了。另外，快手还提供了"说说功能"，它类似于微信的朋友圈，用户可以在这里看到博主的动态。

在上述做法的推动下，用户与用户、用户与博主在快手上的连接就变得更加紧密了，这营造出了我们经常听到的"老铁文化"，博主对自己粉丝的称呼也不是粉丝，而是"家人"。所以，与其说快手是一个短视频平台，不如说它是一个"短视频社区"。

良好的社交关系在直播中起到了非常重要的作用。2017 年，快手正式推出直播功能，一经推出，就受到了广大用户的欢迎和支持。2019 年，快手的直播业务收入已经达到了 30 亿，在众多的短视频平台中，这个数据可以说是非常出色。为什么快手可以在直播行业做到领先，因为快手是一个短视频社区，博主和粉丝之间的联系更加亲密，粉丝对博主的信任度更高，所以，博主推荐什么，粉丝就会买什么，只要产品的质量有保障，信任度会一直持续下去。

2023 年，快手第一季度的直播收入达到 93.2 亿元，对于很多人来说，这里仍旧是一片蓝海。

视频号：背靠大树好乘凉

2020 年 1 月，视频号在小范围开始了内测。此时，快手已经有了近 3 亿的日活，抖音有了 4 亿的日活。面对竞争异常激烈的短视频市场，恐怕也只有微信敢入场了。

微信有 12 亿用户，这是腾讯进军短视频领域最大的底气。也正是因为这个原因，视频号在内测阶段，就引起了人们广泛的关注。

2020 年 6 月，视频号的首页做出了改版，从原来的单列信息流改成了关注、朋友点赞、热门以及附近四个模块并列的版面，从这次改版也能够看出来，视频号在强调朋友点赞这一板块。

和抖音、快手、B 站等短视频平台相比，视频号的最大优势就是微信所具有的熟人社交关系链，在视频号的血液里，流淌着"熟人血脉"，也正是基于这一优势，视频号在推荐机制上做了独特的设计，简单来说，就是社交推荐的权重最大，其次才是热门推荐。所以，我们点进视频号会发现，推荐给我们的视频都是好友点赞过的视频，等这些视频都刷完了，才会推荐热门的短视频。

如今，视频号的版面改成了关注、朋友点赞、推荐三个板块并列的版面，朋友点赞在中间，进一步强调了朋友点赞内容的优先级。

一个月后，视频号又增加了视频号内容以卡片形式分享到朋友圈的功能，目的非常明显，就是让用户更方便地调动其私域流量（也就是用户的好友）。

2022 年 9 月，微信上线了"视频号推广"小程序，这一举动让人们看到了视频号商业化的曙光。但是，此时的视频号还没有变现通道，仅仅是推广，意义似乎不是很大。

正在人们期望着视频号下一步棋怎么走的时候，10 月份，视频号开放了 30 分钟以内的长视频，同时增加了公众号内插入视频号动态卡片的功能，以方便公众号流量引流到视频号。

也是在 10 月份，视频号开始了直播内测，并上线了微信小商店。一个月后，微信全面放开了视频号的入口，申请视频号的条件放宽了很多，同时放开了视频号的直播功能。为了调动主播的私欲流量，微信在开放视频号直播功能的同时，在视频号中新增了"朋友在看的直播"板块。

讲来讲去，我们发现，视频号始终在围绕微信所具有的熟人社交关系链推进视频号的发展，事实证明，背靠微信这棵大树，视频号确实成功出圈，在短视频行业占据了一席之地。不到一年时间，视频号日活已经超过了 2 亿，而且打通了微信内很多能够为视频号引流的渠道，一个接近成熟的"短视频 + 直播 + 电商"的商业闭环，以迅雷不及掩耳之势呈现在大众的面前。

当然了，微信的本质仍旧是社交，腾讯不可能把微信打改版成第二个抖音、第二个快手，微信只是给视频号提供了一个"乘凉"的地方，至于视频号最终会成长成什么样子，这仍是一个未知数。

拍摄 + 剪辑：
有了金刚钻，能揽瓷器活

第 **3** 章

小帆是个"95后"，她热衷于刷短视频，常常在闲暇时沉浸于这个五彩斑斓的世界。她发现，身边的朋友们也和她一样，喜欢沉浸在这短暂而精彩的视听世界中。不仅如此，许多朋友还自己拍摄短视频，他们在镜头前展现自己的才艺、分享生活的点滴，然而，尽管他们付出了努力，但那些短视频并没有获得太多的关注。

小帆认为自己有能力和机会创作出更好的内容。于是，她决定尝试拍摄短视频。起初，她只是凭着感觉去拍，并没有太多技巧和策略。最开始，她的短视频还能引起一些人的关注，但一段时间后，小帆发现，观看自己短视频的人越来越少。

这使小帆意识到，要想在众多的短视频中脱颖而出，仅凭一腔热情是不够的。她开始在网上寻找关于拍摄短视频的技巧，学习如何提高短视频的质量和吸引力。她了解到，拍摄和剪辑都大有学问，每一个细节都关系到短视频的整体效果。

渐渐地，小帆学会了如何捕捉精彩瞬间、如何运用光线、如何剪辑出节奏紧凑的片段，她的短视频质量有了明显的提高，也开始受到更多人的关注。

在我们的身边，可能有很多小帆这样的例子，他们凭借一腔热情投入短视频的制作之中，但由于不会专业的拍摄和剪辑手法，使得他们的短视频并没有受到太多人的关注。俗话说，没有金刚钻，别揽瓷器活。虽然很多短视频平台都推出了短视频剪辑软件，短视频的制作门槛降低了很多，但要想制作出优质的短视频，收获流量和粉丝，掌握一些专业的拍摄和剪辑技巧是必不可少的。

制作短视频的 4 个步骤

面对爆火的短视频，很多人或许都有过自己动手制作短视频的想法。不过，虽然我们每天都刷短视频，但说到制作，可能大部分人都不知道该如何下手，即便制作过，可能也只是用剪映、必剪这些短视频平台推出的剪辑工具简单地制作过一些，效果大多不理想。

剪映、必剪这些剪辑工具操作起来比较简单，但和专业的视频编辑软件比起来，功能上还是要稍逊色一些。另外，短视频制作也并非只是简单地拍拍视频那么简单。拍摄之前，需要确定选题、设计脚本，拍摄完之后，还要剪辑。综合来看，制作短视频可拆解为 4 个步骤。

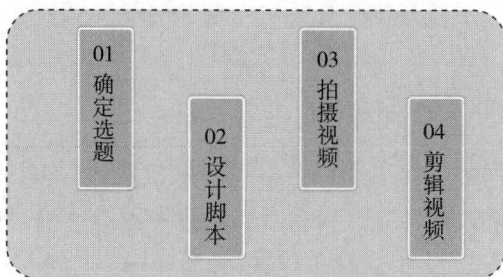

制作短视频的 4 个步骤

第一步：确定选题

做短视频，选题选好了，就成功了一半了。为什么这么说呢？因为确定了选题之后，便可以为后面的脚本创作、视频拍摄奠定一个基调，后面的流程会顺畅很多。比如说，我们确定了一个"短视频如何获取流量"的选题，那么，它的受众人群基本也就确定了，接下来需要考虑的就是：视频的风格、怎么拍摄，怎么提高说服力，等等。依据这个逻辑，"短视频如何获取流量"这个选题的受众可以确定为是初创短视频的公司或者个人，视频的风格应该呈现出较强的专业性，拍摄手法可以采用单人出镜讲解的方式，等等。

你看，只是一个小小的选题，便可以确定出很多的内容，所以说，拍短视频不是说随便拍拍那么简单，光一个视频选题就有很多的门道，至于怎么做好短视频选题，我们在后面将会做详细的介绍。

第二步：设计脚本

确定了选题之后，便可以围绕选题设计短视频的脚本了。短视频脚本是为后面的短视频拍摄做指导用的，它包含了短视频中需要给观众呈现出来的内容、情节、对话等诸多要素。简单来说，它就像我们写作文时打的草稿一样，先把我们要拍的视频用文字写个大概。

设计脚本有很多好处，尤其对于新手来说，可以有效避免瞎拍、乱拍这些情况的发生，提高拍摄效率。

第三步：拍摄视频

短视频拍摄可以用手机，也可以用专业的设备，无论用什么，有一点非常重要，要确保画面的清晰，不能抖动，这是用户观看短视频时最容易感知到的两点。在此基础上，还需要学习构图、运镜等拍摄技巧，这些在后面会做详细介绍。

第四步：剪辑视频

拍摄完视频后，需要对视频进行剪辑处理，一般是剪掉没用的部分，然后将剩下的部分拼接到一起，得到一个完整的短视频。如果是用手机拍摄，需要处理的东西也不多，可以用短视频官方推出的剪辑软件，如剪映、必剪等；如果需要处理的东西很多，则需要用到专业的视频编辑软件，这就需要用户投入部分精力去学习这些专业的视频剪辑软件。

有字幕的短视频观感会更好一些，所以在剪辑视频的过程中，还需要配上字幕。如今，有很多字幕自动生成软件，包括剪映、必剪这些短视频平台推出的官方软件都带有字幕自动生成的功能，所以添加字幕的效率提高了很多。字幕生成后，可以对文字进行编辑，字体、大小、背景等都可以编辑。另外，自动生产的字幕不一定百分百正确，通过文字编辑功能，可以修改错误的字幕，以免影响用户的观感。

视频剪辑完成后，便可以上传到短视频平台了。

短视频拍摄设备与制作工具

短视频拍摄设备

拍摄短视频，我们可以选择的设备有很多，成本最小的就是智能手机，除此之外，还可以选择摄像机、单反相机、航拍无人机以及一些辅助设备。

1. 智能手机

如今，智能手机的功能越来越强大，摄像能力、防抖能力已经基本能够满足拍摄短视频的需要了，所以如果我们的成本有限，可以使用智能手机拍摄短视频。当然了，智能手机也只是基本满足拍摄需求，对于一些要求较高的场景，手机就不能胜任了。

2. 摄像机

摄像机属于专业的视频拍摄设备，当需要拍摄非常优质的短视频时，可以选用摄像机。当然了，摄像机一般都比较贵，而且用的配件也比较多，包括摄像机电缆、摄像机电源、摄影灯、三脚架、监视器等，操作起来非常麻烦。

3. 单反相机

单反相机全称单镜头反光数码相机，也是一种专业级别的拍摄设备，能够满足绝大多数短视频的拍摄需求。单反相机的价格也比较高，但相较于摄像机而言，配件少了很多，操作起来更方便一些。

4. 航拍无人机

当需要从高空拍摄一些场景时，可以使用航拍无人机。

航拍无人机

5. 稳定设备

为了使拍摄出来的画面稳定，拍摄的过程中需要使用一些稳定设备，常用的有三脚架、手持稳定器。

（1）三脚架

三脚架分手机三脚架、照相机三脚架和摄像机三脚架，拍摄者可根据自己使用的设备选择对应的三脚架。

（2）手持稳定器

手持稳定器不仅可以稳定拍摄画面，还可以锁定拍摄对象，做到精准的目标跟踪。手持稳定器适用的场景很多，室内、室外、静止、运动，尤其拍摄一些运动场景时，使用手持稳定器可以做到自动跟踪拍摄对象，提高拍摄效率。

手持稳定器

6. 录音设备

拍摄视频时，现场的收音非常重要，这时就要用到录音设备。录音设备有指向性录音设备和非指向性录音设备，如果对录音要求非常高时，可以使用指向性录音设备，如指向性麦克风，它只会收录麦克风指向方向的声音，周围环境的声音不会被收录进去；如果对录音的要求不是那么高时，可以使用一般的录音设备。当然了，如果后期会重新制作音轨或配音，那么可以不使用录音设备。

7. 照明设备

当环境比较暗，无法满足拍摄需要时，可使用一些照明设备，常用的有LED灯、冷光灯、散光灯。为了提高照明效果，照明设备通常配合一些照明附件使用，如柔光板、柔光箱、调光器等。

补光灯

短视频制作工具

短视频制作工具有很多，可分为大众级别和专业级别。大众级别的一般操作比较简单，如抖音推出的剪映、B 站推出的必剪等，360 公司推出的快剪辑等，缺点是功能不如专业级别的软件强大；专业级别的软件可细分为多种类型，如用于剪辑的 Adobe Premiere，用于特效合成的 After Effects，用于处理图像的 Photoshop，用于调色的 DaVinci Resolve 等，其优点是功能强大，但操作相对复杂。下面，我们简要介绍其中的几种，大家可结合自己的需求选择自己需要用到的工具。

1. 剪映：全能视频剪辑工具

剪映是抖音官方推出的一款视频剪辑软件，有手机端和电脑端两个版本。

以电脑端的剪映为例，进入首页之后，在最上面一栏有教程，点击之后，会进入教程界面，里面一共包含 10 节课，看完这 10 节课，基本也就掌握了剪映的使用方法。

2. 快剪辑

快剪辑是 360 公司推出的一款可以在线边看边剪的电脑端视频剪辑软

件。快剪辑的功能也比较全面，操作也比较简单，进入软件之后，有"专业模式"和"快速模式"两种模式可以选择，用户可以结合自己的需求选择相应的模式。

"快剪辑"的两种工作模式

3. Adobe Premiere

Adobe Premiere 是一款功能非常强大的视频编辑软件，不仅在短视频领域广泛应用，在广告制作、影视后期、电视节目等领域的应用也非常广泛。相较于前两种视频编辑软件，Adobe Premiere 的操作难度较大，需要花费一定的精力去学习才能掌握，但只要掌握了该软件，并结合 Adobe 的系列软件，任何类型、任何要求的短视频几乎都可以制作。

选题，你真的了解吗

在短视频制作的 4 个步骤中，确定选题是第一步，那究竟什么是选题呢？我想有些博主可能自始至终都没有搞懂选题是什么，更分不清选题和话题、标题的区别。这容易导致一个问题，选题、话题、标题是混在一起的，自己最后拍了什么，也是一团糨糊，反正就知道拍了这么个东西。要改变这个情况，我们必须弄懂选题、话题、标题分别是什么，并弄清它们之间的区别。

其实，要弄懂选题是什么，非常简单，一句话就可以解释清楚：你要制作的短视频的中心思想就是选题。比如，你是一个职场"老油条"，想教初入职场的小白掌握职场技巧，那么，这就是你的选题。

那什么是话题呢？互联网上很多人都在谈论的内容，就是话题。它的一个特点就是谈论的人多，作用是为选题带来一些流量。

标题就是你给这条短视频内容做的一个概括性总结。看到这里可能你会疑惑，它和选题好像没啥区别。的确，如果我们的选题不需要和话题结合，那么选题就可以直接作为标题，这样看的话，选题和标题确实没什么区别。但如果我们的选题需要和话题结合起来，那么在起标题的时候，就需要同时体现选题和话题的内容，这时，选题和标题就不是一回事了。

以我们刚才提到的"如何让初入职场的小白快速掌握职场技巧"选题为例。我们在确定了这个选题之后，发现前段时间热播的电视剧《狂飙》中提到了《孙子兵法》这本书，而主角高启强之所以在职场上获得成功，和这本书离不开关系。此时，我们便可以拿"高启强为你解读《孙子兵法》中的职场生存法则"作为短视频的话题。为什么选择这个话题，因为有热度，可以吸引更多的流量。最后，结合选题和话题，我们可以给视频取一个"孙子兵法带你玩转职场"的标题。

到这里，我们基本弄清了什么是选题、话题和标题以及它们之间的区别。下面，我们继续讲讲如何找自带流量的选题，这样，光是选题，就能够给你带来一定的流量。那么，如何找自带流量的选题呢？三个方法可以尝试。

方法一：话题＋选题

刚才我们讲到，话题是自带流量的，所以对于新手来说，最简单的方法就是"话题＋选题"。这种方法的顺序无非是两种：先定选题，再找话题；先找话题，再定选题。

1. 先定选题，再找话题

定选题的时候，可以借助短视频平台。以抖音为例，可以直接打开"创作灵感"，从里面找自己想做的话题。比如，暑期旅游热度很高，可以选择"如何玩转北京"这个选题。确定了选题后，我们可以去找一些和北京旅游相关的热点话题，比如"特种兵旅游""24 小时吃遍 **"，结合起来之后，我们便可以起一个"特种兵旅游之极限 24 小时吃遍北京"的标题。

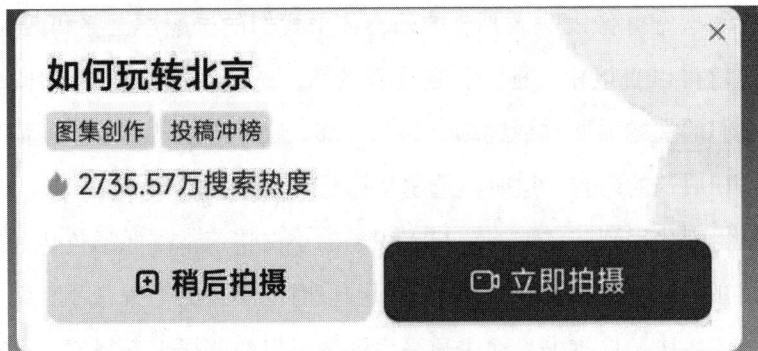

如何玩转北京

图集创作 投稿冲榜

🔥 2735.57万搜索热度

🖼 稍后拍摄　　　🎥 立即拍摄

"创作灵感"里"如何玩转北京"选题

2. 先找话题，再定选题

如果不知道定什么选题，我们也可以先找话题，再定选题。找话题的时候，可以找最近的一些热点话题，这些话题自带流量。当然了，如果你的短视频账号有明确的方向，找热点话题的时候不能一味地求"热"，还要和自己账号的方向相近。至于如何找热点，以抖音为例，可以去"抖音热点宝"里面去找，在这里，你可以看到近期所有的比较热门的话题，然后从中选择一个。

方法二：对标同行选题

在做短视频之前，先关注和你方向相同的 20 个大 V 账号，汇总他们点赞量最高的几个短视频，每个账号找 5 个，这样就可以汇总出 100 个短视频，针对这 100 个短视频进行分析，提炼出自己的选题。除了看视频外，还可以看这些爆款视频的评论区，找那些点赞靠前的评论，这些评论往往是用户比较关注的痛点，而每一个痛点都是一个潜在的选题。

方法三：让平台自动推给你选题

短视频平台有它自己的算法，它会根据你的兴趣爱好，给你打上"兴趣标签"，在推荐短视频的时候，会优先推荐你感兴趣的短视频。我们可以利用平台的这个特点，让它帮我们去找爆款选题，然后推给我们。具体操作就是在"方法二"的基础上，关注更多的大 V 账号，找更多和你创作方向相关的短视频，然后每个短视频都点赞、评论、收藏。这样一顿操作下来，"兴趣标签"也就能慢慢形成了。"兴趣标签"一旦形成，相关方向有什么选题上热门了，短视频平台会第一时间推给你，你就可以参考他们的选题，确定自己的选题了。

不可不知的短视频脚本设计

短视频脚本的常见类型有 3 种：文学脚本、拍摄提纲和分镜头脚本。不同类型的脚本适用于不同的类型的短视频，拍摄者可根据拍摄需要选择适合的脚本。

文学脚本

文学脚本是指以文字形式讲述要拍摄的短视频的内容、人物的一类脚本。文学脚本一般适用于不需要剧情的短视频创作，比如测评视频、Vlog、教学视频等。

在设计文学脚本时，一般只需要罗列出来拍摄的思路即可，如规定好人物和他要做的任务即可。

Vlog《北京旅游极限 24 小时》文学脚本模板

6:00，起床，坐上高铁／飞机，拍一下窗外的景色。

8:00，下火车／下飞机，打车／地铁，去第一个景点——天坛，重点拍一下祈年殿。

11:30，从天坛出来，到牛街吃各种北京小吃，好吃的小吃都给一个特写。

12:30，吃完小吃，赶去下一个景点——故宫，重点拍故宫中人气比较高的景点。

16:00，从故宫出来，爬景山，到景山山顶，拍故宫的全景，下山的时候，顺便拍一些北海故宫的白塔（《让我们荡起双桨》中"海面倒映着美丽的白塔"的白塔）。

17:00，从景山出来，去北海公园，吹吹风，近距离拍一下白塔，然后拍"九龙壁"。

19:00，逛南锣鼓巷，吃各种小吃，好吃的小吃都给一个特写。

20:30，鼓楼拍夜景。

21:30，返程。

拍摄提纲

拍摄提纲指短视频的拍摄要点，只对短视频的拍摄起提示作用。拍摄提纲一般适用于随机性比较强、不容易把控的短视频制作，如街头采访、美食探访。

在设计拍摄提纲时，只需要列出拍摄地点、时间、任务和注意事项就可以了。

《996 工资 1 万和 965 工资 5000，你选哪一个？》拍摄提纲模板

拍摄地点：写字楼。

拍摄对象：打工人。

采访问题：996 工资 1 万和 965 工资 5000，你选哪一个？

注意事项：注意男女采访人数要均衡。

分镜头脚本

分镜头脚本是将文字剧本转换成可视画面的中间媒介，它也是短视频的拍摄蓝图。简单来说，通过分镜头脚本，可以更有效地将文字转换成镜头。分镜头脚本对画面的要求较高，故事性也比较强，所以设计起来比较费劲。分镜头脚本适用于拍摄故事性强的短视频。

在设计分镜头脚本时，可列出一个表格，然后在表头填上镜号、景别、拍摄角度、时长、画面内容、台词、音乐音响，这是分镜头脚本的七要素，有需要可以再增加"备注"一栏，最后将这七个要素要求的内容填充进去。

分镜头脚本七要素

●镜号	●景别	●拍摄角度	●时长
●画面内容	●台词	●音乐音响	

《美食探店》分镜头脚本模板

镜号	景别	拍摄角度	时长	画面内容	台词	音乐音响	备注
1	中景	平拍	15 秒	一男一女走进一家苍蝇馆，选择一个座位坐了下来		餐馆的嘈杂声	
2	特写	仰拍	5 秒	拍摄苍蝇馆内的环境		餐馆的嘈杂声（比之前略强）	
3	近景	俯拍	5 秒	男人喊老板	男：来两份卤煮	餐馆的嘈杂声（比之前略弱）	
…	…	…	…	…		…	

①镜号：第几个镜头，方便后期剪辑。

②景别：拍摄对象在镜头中所占的比例，包括特写、近景、中景、全景、远景。

③拍摄角度：即镜头的拍摄角度，有平拍、侧拍、仰拍、俯拍四种角度。

④时长：该镜头的拍摄时间。

⑤画面内容：就是把你要在镜头中呈现的内容用文字表达出来。

⑥台词：镜头中或镜头外人物要说的话，包括对话、独白、旁白。

⑦音乐音响：镜头中出现的声音，或者根据内容需要搭配的音乐。

⑧备注：其他要补充的内容。

在上述三类脚本中，分镜头脚本设计最难，所以，我们重点讲述一下分镜头脚本设计的基本逻辑，掌握了该逻辑，设计脚本的效率将会大大提高。

确定拍摄事件　　撰写视频文案　　补充细节

分镜头脚本设计的基本逻辑

1. 确定拍摄事件

首先，我们要确定拍摄事件，比如，美食探店、旅行、生活日常、美妆穿搭、开箱测评等。确定了拍摄事件后，便可以根据具体的事件确定视频的风格、节奏。

比如：

美妆穿搭	风格：分享护肤品、化妆品以及化妆教程，分享穿搭思路。 节奏：节奏应该稍快一些，以展示为主，细节部分可适当放慢节奏
开箱测评	风格：猎奇（测评大家生活中不常见的产品）有趣（测评一些槽点比较高的产品）。 节奏：节奏稍快一些，不拖拉，否则内容就显得枯燥了，遇到槽点的时候，可以放慢节奏，让槽点发酵

续表

旅行	风格：分享旅行攻略，或者单纯地拍风景。 节奏：可快可慢，应根据风格而定，如旅行攻略，节奏应快一些；如果拍风景，节奏应慢一些

当然了，上面的举例只是针对普遍情况而言，自己真正拍的时候，还要结合具体情况而定。

2. 撰写视频文案

确定了拍摄事件及其风格、节奏后，便可以撰写视频文案了。短视频中应该出现哪些场景或画面，要用文字描述清楚，在那个场景中人物要说什么词，也要写清楚。

3. 补充细节

视频文案写完后，再补充一些细节，包括景别、镜头、时长、音乐音响等。

理清了这个逻辑，可以再回过头去看前面给出的"《美食探店》分镜头脚本模板"，应该就更加清楚明白了。

短视频运镜与构图技巧

刷短视频的时候，你是否发现有些短视频的画面观感非常好，这是因为他们运用了运镜与构图的技巧。所以，如果想让你的短视频呈现出更好的画面观感，就需要掌握一些短视频运镜与构图技巧。

短视频八大基础运镜方式与四个小技巧

运镜的方式与技巧有很多，在这里，我们主要讲最容易掌握，并且效果也不错的八大基础运镜方式与四个小技巧。

1. 短视频拍摄的八大基础运镜方式

（1）推镜头

拍摄时，需要先把重心放低，可根据拍摄对象确定放低的程度。然后，慢慢往前走，尽可能保持匀速运动。随着和拍摄主体距离的拉近，周边的事物越来越少，主体则越来越大，被突出来。这里镜头的变化其实就是景别的变化，即由中景变为近景。

（2）拉镜头

拍摄时，同样需要将重心放低，可根据拍摄对象确定放低的程度。然后，慢慢向后退，尽可能保持匀速运动。随着和拍摄主体距离的拉远，周边的事物越来越多，主体也越来越小，被逐渐淡化。这里镜头的变化其实也是景别的变化，即由近景变为中景。

（3）摇镜头

摇镜头有上下纵摇和左右横摇两种。上下纵摇拍摄时，拍摄者摆动自己的手臂，对高大的物体进行上下扫摄；左右横摇拍摄时，通常以拍摄者为中心轴，做圆弧曲线运动，作用是对周围的大环境进行扫摄。

（4）移镜头

移镜头时，手机和被拍摄主体要保持平行，然后平行移动手机，注意，景别保持不变。这种运镜方式可以很好地将被拍摄主体展现出来。

（5）跟镜头

当被拍摄主体处于移动状态时，可以使用跟镜头的运镜方式。拍摄时，拍摄者跟着被拍摄主体同步移动，景别保持不变。

（6）降镜头

拍摄时，拍摄者先将拍摄设备举到最高，然后慢慢将手机降低，再蹲下。在这个过程中，手机镜头与地面始终保持垂直。镜头降低之后，镜头中展现的场景慢慢地从一个面变为一条线，虽然不开阔了，但有了延伸感。当拍摄的场景比较宏大，或者周围有较高的建筑物时，可以借助航拍无人机拍摄。

（7）升镜头

拍摄时，拍摄者先蹲下，然后慢慢站起来，将拍摄设备举到最高。在这个过程中，手机镜头与地面始终保持垂直。随着镜头的上升，镜头中展现出来的场景越来越开阔，能够给人一种豁然开朗的感觉。当拍摄的场景比较宏大，或者周围有较高的建筑物时，同样可以借助航拍无人机拍摄。

（8）环绕镜头

拍摄时，拍摄者围绕被拍摄主体做环绕运动，移动过程中，一般拍摄高度保持不变。环绕镜头可以全方位展现被拍摄主体。

2. 短视频拍摄的四个运镜小技巧

掌握了八大基础运镜方式之后，如果再能掌握这四个运镜小技巧，便可以使你拍出的短视频具有"大片"质感。

（1）改变跟拍人物的方式

跟镜头，是跟着被拍摄主体同步运动，但有些时候，尤其是拍人物的时候，跟着人物同向运动所呈现出来的视觉效果并不理想，此时，便可以改变跟拍人物的方式，不再做同向运动，而是做相对运动。如下图所示，被拍摄者向前走，拍摄者则向左前方走，这样，拍摄者和被拍摄者形成一种相对运动，所呈现出来的镜头感要比单纯的跟拍更加高级。

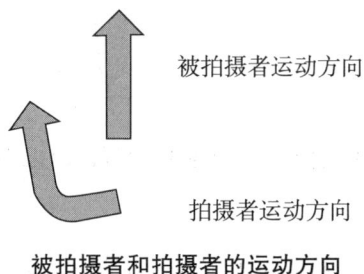

被拍摄者运动方向

拍摄者运动方向

被拍摄者和拍摄者的运动方向

（2）组合运镜

将前面提到的八个基础运镜中的两个或多个，或者和其他运镜方式组合起来，可以呈现出更好的视觉效果。比如，前推（后拉）旋转这个组合运镜方式。在向前推镜头或者在向后拉镜头的时候，同步旋转镜头。拍摄时，拍摄设备处于倾斜状态（一般为45°），然后一边推（拉）一边旋转，旋转45°后，停止旋转，同时停止推（拉），定格时，被拍摄者与拍摄设备是平行的。

（3）借助环境中的事物

我们拍摄的环境中的很多事物都可以为我们提供辅助，让我们拍出的镜头更有高级感。比如，在拍摄建筑物时，只是单纯的移镜头，虽然可以有效地展现建筑物，但视觉冲击并不强烈。此时，便可以找到一根柱子或者墙角作为遮挡物，先将镜头近距离对准柱子或墙角，然后慢慢移动镜头，让被拍摄的建筑物有一种慢慢从柱子或者墙角后面出现的感觉。建筑物的这种出镜方式可以赋予画面神秘感，在建筑物出现的那一刻也能够带来一定的视觉冲击。

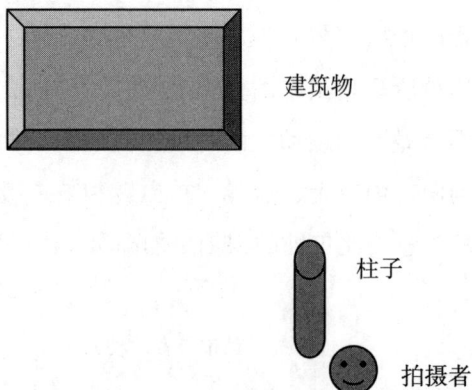

建筑物

柱子

拍摄者

建筑物、遮挡物（柱子）、拍摄者的位置关系

（4）改变拍摄视角

运镜时，拍摄者不要局限在水平线上捕捉画面，可以尝试改变拍摄的视角，会让你拍出的视频给人眼前一亮的感觉。比如，在地面上有三块石头，如果用平行视角拍摄，呈现出的画面比较死板，如果改变下拍摄视角，用低视角拍摄，把其他元素也融入进来，画面感会增强很多。

短视频七大构图技巧

短视频构图有七大技巧，掌握了这七个技巧，可以帮助你拍出更具美感的短视频。这七大构图技巧，同样适用于拍照。

1. 水平线构图技巧

水平线构图的关键是找到水平线（或者与水平线平行的线），然后借助这条线将画面分割开来。通过这个技巧得到的画面往往比较稳定、和谐，如下图所示。在比较开阔的场景中，如草原、海平面、沙漠等，更适合使用该技巧，能够使画面更有延伸感，从而给观看者一种开阔之感。

以荷花为水平线

2. 九宫格构图技巧

经常用手机拍照的朋友对九宫格肯定不陌生，它是借助横、纵各两条线，将画面分成大小相等的 9 个方格，这四条线称为黄金分割线，四个交点称为黄金分割点。拍摄短视频时，可使被拍摄者置于四个黄金风格点，或者黄金分割线上，得到的画面更加均衡。

九宫格

3. 前景构图技巧

前景，简单理解，就是在拍摄短视频时，在画面中放置一个前景，这个前景可以是被拍摄主体，也可以置于被拍摄主体的前面。注意，如果被拍摄主体作为前景，被拍摄主体的后面需要有其他景物，否则就没有了前后景之分。这种构图技巧可以增加画面的层次感。比如下面这个画面的构图，船的前面增加了树叶这一前景，使画面有了层次感和纵深感。

将树叶作为画面的前景

4. 引导线构图技巧

利用引导线，可以将被拍摄的主体和背景串联起来，形成视觉焦点，从而有效引导视频观看者的目光。借助引导线，还可以增强画面的立体感和纵深感，给观看者一种深邃之感。注意，引导线可以是具体的线条，也可以是具有方向性的引导物，如沟壑、河流、道路等。

公路上的白线属于引导线

5. 对称构图技巧

对称构图技巧的核心就是两个字——对称，可以是上下对称、左右对称，也可以是斜面对称、全面对称。

借助倒影实现的上下对称

6. 框架构图技巧

框架构图技巧的关键就是寻找可以把拍摄主体框起来的框架，这样，观看者的注意力也会被框起来，从而起到突显主体的作用。这种构图技巧和前景构图技巧有点像，不过这个前景必须是一个"框架"。在这个"框架"的影响下，画面的层次感和神秘感都会增强。

"框架"后面的景色

7. 光影构图技巧

光与影具有强烈的对比关系，通过在画面中同时呈现光与影，可以使画面具有更强的层次感。另外，还可以借助光与影的关系，突出被拍摄主体。

借助光与影增强画面层次感

镜头语言背后的编导思维

什么是镜头语言，简单来说，就是用拍摄出来的镜头画面去讲故事。一个优质的短视频，应该做到"一个多余的镜头也没有"。要掌握镜头语言，就需要我们知道镜头语言背后的编导思维。在拍短视频时，可以使用的镜头语言有很多，在这里，我们将其归纳为四类，方便大家更清晰地理解每种镜头语言背后的编导思维。

固定镜头语言　　　　　　运动镜头语言

四类镜头语言

帧率语言　　　　　　对焦语言

四类镜头语言

固定镜头语言

固定镜头是指拍摄机位、镜头焦距和镜头光轴三者都保持不变，且与被拍摄者动静无关的一种镜头，主要表现在方向、高度、景别、视点四个方面。

1. 方向

当拍摄设备和被拍摄者处于水平位置，且被拍摄者保持不变时，随着拍摄设备拍摄方向的改变，会形成正面、斜侧、侧面、反侧、背面五个拍摄方向，不同方向的镜头语言也是不同的。

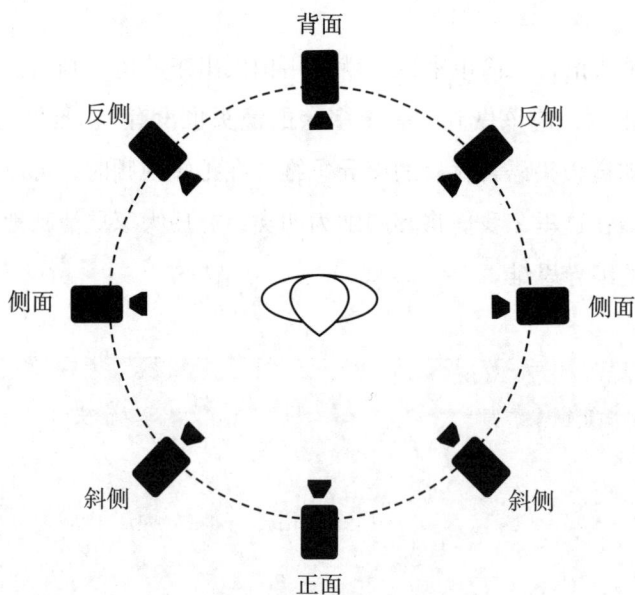

镜头方向示意图

（1）正面

正面，即拍摄设备位于被拍摄者的正前方，被拍摄者直面镜头。正面镜头除了可以直观地展现被拍摄者外，还可以制造压迫感，尤其当被拍摄者处于运动状态时，可以给观看者带去一种镜头人物冲向自己的感觉，从而形成较强的视觉冲击力。

（2）斜侧

斜侧，即拍摄设备位于被拍摄者的侧前方，被拍摄者的侧前方呈现在镜头画面中。斜侧能够降低镜头的压迫感，同时还可以增强画面的纵深感，可用于多人对话的场景。

（3）侧面

侧面，即拍摄设备位于被拍摄者的左侧或右侧，被拍摄者的侧面呈现在镜头画面中。侧面镜头可以清晰地展现被拍摄主体的轮廓，还可以增强镜头的张力（多个被拍摄者处于相对静止的状态时，可以在画面中呈现出较强的对抗或对比关系；当被拍摄者处于运动状态时，其运动状态、运动轨迹都可以有效地呈现出来）。

（4）反侧

斜侧，即拍摄设备位于被拍摄者的侧后方，被拍摄者的后前方呈现在镜头画面中。与斜侧一样，反侧能够增强画面的纵深感。与斜侧不同的是，反侧能够给观看者带去一定的偷窥感，同时还可以将观看者的注意引导到被拍摄者的观看方向。

（5）背面

背面，拍摄设备位于被拍摄者的后方，被拍摄者背对着镜头。背面镜头有助于制造悬念，比如，拍摄者的身份或者状态无法看到，观众会产生种种猜测。另外，由于观看者和镜头中的主体朝向的方向一致，所以当遭遇来临时，观看者也会产生身临其境的感觉，进而与镜头中的主体产生一定程度上的共情。

2. 高度

以被拍摄者为参照物，随着拍摄设备高度的变化，可以产生仰摄、平摄、俯摄和顶摄四种拍摄角度，不同角度的镜头语言也是不同的。

四种拍摄角度

（1）仰摄

当拍摄设备低于被拍摄者时，可以形成仰摄效果。仰摄所传达的镜头语言主要有三种：①以天花板或者天空这类比较简单的环境作为背景，突显被拍摄者；②表现被拍摄者高昂的情绪；③使被拍摄者的形象更加高大。

（2）平摄

当拍摄设备与被拍摄者处于同一水平高度时，可形成平摄效果。在短视频中，平摄是最常见的一种拍摄角度，主要用于客观地记录某个人、某个物、某件事，或者直观地展示被拍摄者。

（3）俯摄

当拍摄设备高于被拍摄者时，可以形成俯摄效果。俯摄所传达的镜头语言主要有三种：①展现镜头画面中审视者的优越感；②表现压抑、阴郁的情绪；③增强被拍摄者的立体感。

（4）顶摄

当拍摄设备位于被拍摄者的顶部时，可以形成顶摄效果。顶摄其实属于俯摄的一种特殊类型，其作用主要是鸟瞰全景，展现场景的整体结构。

3. 景别

什么是景别，可以简单地理解为由于拍摄位置（拍摄设备焦距保持不变时）与被拍摄者的距离不同，造成被拍摄者在镜头中所呈现出来的画面大小的区别。从近到远，景别一般可分为五种：特写、近景、中景、全景和远景。

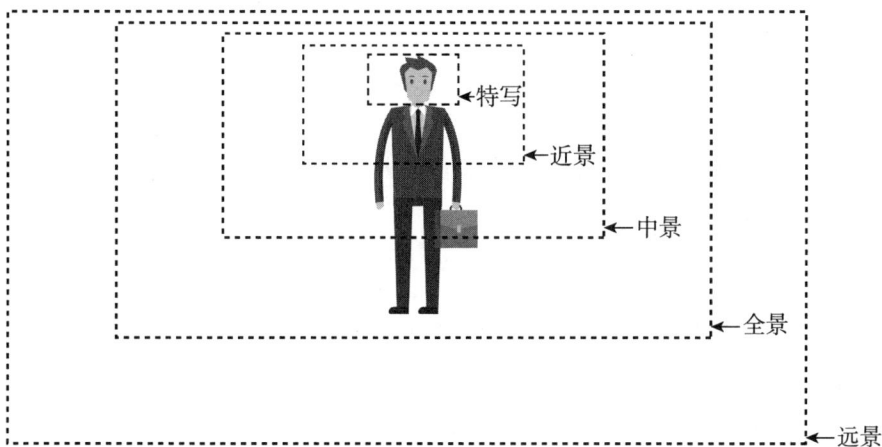

景别示意图

（1）特写

当镜头画面只呈现被拍摄者的局部时，如人物的头部，这样的镜头属于特写镜头。在特写镜头中，背景被极大地弱化，甚至消失，只呈现被拍摄者的局部，其作用通常是提示某些关键信息，如通过人物的面部表情去表现人物的内心活动。当镜头继续拉进，我们称这样的镜头为大特写，如只拍摄人物的眼睛。大特写和特写的作用相同，只是在镜头表现上效果更加强烈。

（2）近景

以人物为例，当拍到人物的胸部以上时，为近景。在近景中，被拍摄者呈现出来的画面较大，细节可以比较清晰地呈现出来，所以，近景可以用于强调人物的表情和动作。在拍一些探店、拆箱类的短视频时，可以使用近景，通过人物的表情和动作，去深化人物对美食和开箱事物的反应。

（3）中景

当需要展示被拍摄者大部分表面时，可使用中景。以人为例，中景呈现的人物部分是膝盖或腰部以上，能够展现人物的动作。在中景中，除了被拍摄主体外，也较多地保留了环境信息，这使得中景具有了较强的叙事性，可以有效展现人物与人物、人物与环境之间的关系。

（4）全景

当需要展现被拍摄者的全貌时，可使用远景。以人物为例，人的整个身体都会在屏幕画面上呈现出来，包括人物的穿戴、动作等，所以全景可以使观看者了解到更加全面的信息。

（5）远景

当需要展现被拍摄者所处的大环境时，可使用远景。远景可细分为远景和大远景。远景中，被拍摄者通常比较清晰、完整地呈现在镜头画面中，不过所占的比例比较小；大远景中，被拍摄者所占的比例很小，只能看到被拍摄者大概所在的位置，整体形态通常是模糊不清的。

4. 视点

视点可以理解为镜头从谁的视角去观察场景，可分为主观视点和客观视点。

（1）主观视点

主观视点又称第一人称视点，即镜头中的画面都是以第一人称视角呈现出来的。主观视点可以增强观看者的现场感。

（2）客观视点

客观视点又称第三人称视点，即镜头中的画面都是以第三人称视角呈现出来的。客观视点有助于观看者更加客观地观看视频。

运动镜头语言

在短视频中，运动镜头其实就是前面讲的运镜。在前面，我们讲了八大基础运镜方式与四个运镜小技巧，所以在这里不再赘述。

对焦语言

在拍摄（包括拍照和摄像）的时候，使被拍摄对象清晰的过程就是对焦。在对焦时，我们可以运用一些技巧，让镜头可以开口"说话"。

1. 移焦

移焦就是移动拍摄的焦点。在我们拍摄短视频的时候，可以先将焦点落在某个事物身上，随后将焦点移动到另一个事物身上。转移焦点后，焦点周围的事物同时会被虚化，这样，观看者的注意力就会被我们牵引，我们想让观看者的注意力落在哪里，便将焦点转移到哪里。

2. 跟焦

跟焦指焦点跟随着移动的被拍摄者而移动，焦点始终落在某个人或事物上面。跟焦分移动跟焦和原地跟焦两种。移动跟焦是指机位跟着被拍摄的移动而移动，并时刻保持焦点落在被拍摄者身上，这种跟焦方式可以产生"跟随"的视觉效果。原地跟焦是指机位保持不变，但焦点要时刻保持落在被拍摄者身上，这种跟焦方式可以产生"迎候"或"目送"的视觉效果。

3. 虚焦

当整个镜头没有一处影像是清晰的时候，我们就会说虚焦了，或者说跑焦了。虚焦可以营造一种模糊感、神秘感。在拍摄短视频时，有些情况需要使用虚焦，比如角色眩晕时，刚刚从昏迷中醒来时，表现某个出场人物的神秘性时。

虚焦

帧率语言

帧率，简单来说就是一秒钟出现了多少张图片。我们平时看到的视频，其实是很多张图片连续播放产生的动态效果，并不是真的动了起来。比如说某个视频的帧率的 30 帧 /s，这就说明这个视频的每一秒都有 25 张图片。通过变化帧率，也可以使镜头"说话"。帧率的变化有两种：升格和降格。

1. 升格

电影拍摄的标准帧率是 24 帧 /s，播放帧率也是 24 帧 /s，如果播放帧率保持不变，而提高拍摄帧率，如 50 帧 /s，这就是升格，得到的放映效果是慢动作。在拍摄短视频时，同样可以使用这一技巧得到慢动作。慢动作所传达的镜头语言主要有三种：①在打动场景中，呈现出一种暴力美学的感觉；②展现正常速度下肉眼看不见的细节；③与音乐搭配起来，加强情感，渲染氛围。

2. 降格

降格与升格相反，播放帧率保持不变，拍摄帧率降低，如 10 帧 /s，这就是降格，得到的放映效果是快镜头。快镜头所传达的镜头语言主要有三种：①表示时间的快速流逝；②表示人来人往、车水马龙；③表示风云变幻、斗转星移。

不光会拍，还要会剪

剪辑是制作短视频的第四步，大多数情况下，我们拍摄出来的视频素材不能直接用，需要做一些剪辑工作，所以，我们不光要会拍，还要会剪。

一般情况下，短视频剪辑可分如下六步进行：

| 整理 | 拼接 | 粗剪 | 调整 | 精剪 | 检查 |

短视频剪辑的步骤

①整理：拍摄完短视频后，对素材进行整理，初步删掉一些不需要或者质量较差的素材，然后按照脚本的预定顺序在时间线上码放好素材。

②拼接：把码放好的素材进行拼接，删除摇晃、穿帮、重复等镜头，只保留需要的镜头。

③粗剪：把短视频先粗剪出来，形成一个完整的结构框架。

④调整：对细节进行调整，这时可以一个镜头一个镜头地剪，把镜头已经故事的细节打磨好。

⑤精剪：添加字幕、背景音乐，如果有需要，可以添加一些特效，呈现出更好的视觉效果。

⑥检查：制作完成后，对字幕、画面、声音等内容进行检查，确保没有出现丢音、空白、丢帧的情况。

当然了，剪辑短视频并不是说按照步骤一步步完成操作就万事大吉了，在剪辑的过程中，还有如下五个要点需要把握：

第一，准确把握短视频的风格走向。在确定选题以及设计脚本的时候，基本也就确定了短视频的风格，最后剪辑出来的短视频，其风格要和已经确定好的风格相匹配。如果剪辑师只负责剪辑工作，在剪辑前，需要先对短视频整体的风格有所了解，形成比较完整的构思后，再开始剪辑。

第二，准确选择剪辑点。什么是剪辑点，简单来说，就是需要剪辑的地方。选对剪辑点非常重要，这关系到故事的完整性、短视频的流畅性。

第三，确保短视频结构的完整。剪辑完的短视频，其结构必须是完整的，故事情节应该层层递进，环环相扣，这样才能吸引用户观看。

第四，精确把控短视频的节奏。短视频节奏的把控在一定程度上影响着短视频最终呈现的效果。一条完整的短视频通常包括内部节奏和外部节奏，内部节奏是通过故事结构、故事情节等呈现出来的，外部节奏是通过剪辑呈现出来的。比如，同样一个故事情节，剪出不同的节奏，所呈现出来的效果必然是不同的。

第五，重视短视频呈现出来的视听感受。短视频是通过视觉和听觉吸引人的，所以剪辑的时候，必须重视成品最终呈现出来的视听感受，考虑所使用的音乐、画面和短视频结合之后的效果。在有必要的情况下，可以增加一些特效，增强画面表现力。

了解了上面这些，我们再来讲讲短视频剪辑常用的八个手法，这八个手法简单又好用。

1. 叠化剪辑手法

叠化剪辑就是把一个画面叠加到另一个镜头的上面，这样可以使场景的过渡更加自然，同时，这种手法还可以用来表示时间的流逝。比如，镜头先呈现出小朋友们在马路上相互追逐的镜头，然后这个镜头慢慢地淡出，与此同时，一个静静站着不动的成年人慢慢淡入。这个镜头呈现就是时间流逝的感觉，一个成年人，在怀念他的童年。

2. 交叉剪辑手法

两条时间线交叉进行，镜头也在两条时间线间来回切换的剪辑手法称为交叉剪辑。这种剪辑手法可以增强剧情的张力，同时也可以制作出悬疑、紧张的氛围。比如，员工在办公室工作的时候突然觉得有点饿，他从抽屉里拿出来一包零食，一边工作一边吃，突然，镜头外出现一个声音"老板来了"，此时，镜头切换到老板身上，随后，镜头在赶忙收零食和一步步向办公室的老板身上来回切换，紧张感直接拉满。

3. 隐藏剪辑手法

隐藏剪辑就是利用镜头遮挡、阴影或者某个动静态的画面把剪辑点隐藏起来的一种剪辑手法，其作用是可以顺畅地把两个镜头连接起来，让观众意识不到此处其实是一个剪辑点。比如，一个人出门，把门关上，镜头停留在这扇门上，当门再打开的时候，进来的是另一个人，门内的场景换成了另一个场景。在混剪的时候，可以使用这种手法，把剪辑点有效地隐藏起来。

4. 离切剪辑手法

离切剪辑就是在主镜头里插入一些其他镜头的剪辑手法。插入的镜头主要用于辅助情节的发展，也可以用于表现人物的内心世界。比如，在拍摄一个人欣赏秋天的景色时，可以先拍这个人（他在静静地坐着欣赏金黄的银杏叶），然后出入一个金黄银杏叶特写的镜头，最后再把镜头切回到这个人身上。

5. 匹配剪辑手法

借助镜头中的景别、动作、构图、逻辑的匹配进行场景转换的手法称为匹配剪辑手法。运用该剪辑手法，可以把不相关的场景顺畅地连接起来。比如，在拍换装视频时，可以加上一个一片花瓣从上到下落下的动作场景，花瓣落下的过程中，人物的换装同步发生，花瓣落下后，换装完成。

6. 动作顺接剪辑手法

顾名思义，动作顺接间接就是剪辑的下一个动作和上一个动作有连接关系。运用该剪辑手法，可以给观众一种动作非常顺畅的感觉，画面看起来会非常舒服。比如，镜头中的人物在吃一根香蕉，吃完了之后，他做出了一个把香蕉皮扔进垃圾桶的动作，下一个镜头接的是香蕉皮进到垃圾桶里的特写。扔香蕉皮和香蕉皮进到垃圾桶的镜头拼接就是动作顺接。

7. 跳切剪辑手法

跳切就是把一段连续的镜头剪切掉一部分，造成镜头的跳跃感。这种跳跃感会让观众觉得镜头不连续，甚至产生一种不舒服的感觉，但正是这种不舒服感，会快速调动观众的情绪。跳切还可以起到压缩时间的作用，形成叙事省略。比如，切菜通常需要花费较多的时间，而通过跳切剪辑的手法，可以把切菜的动作浓缩到几个镜头中。

8. 淡入淡出剪辑手法

淡入、淡出剪辑手法是最简单的一种剪辑手法。淡入是指镜头从模糊或黯淡一点点变得清晰，通常用在某个情节的开头；淡出是指画面从清晰一点点变得模糊或黯淡，通常用在某个情节的结尾。

画龙点睛：转场、字幕与背景音乐

短视频的核心内容是画面，如果能够把转场、字幕、背景音乐这些点睛之笔做好，视频将会显得更加"高级"。

转场

一个短视频通常包含多个场景，如果场景与场景之间的转换过于生硬，会影响视频观看的流畅度，这个时候，就要运用转场技巧，使场景的转换更加流畅。那么，有哪些简单又好用的转场技巧呢？

1. 特写转场

当我们需要从场景 A 转换到场景 B 时，可以先插入 B 场景相关的一个或几个特写镜头。比如，我们拍摄的短视频中，有一组镜头是一个女生在化妆，如果我们的镜头直接从中景（拍摄女生坐在梳妆台前）转到近景（镜头对向女生脸部，拍摄她涂口红、打粉底等一系列动作），会显得比较突兀，而且镜头所呈现出来的画面也缺少几分叙述感。如果在两个场景之间增加几个特写转场，如拧开口红的特写、打开粉底的特写，转场就会变得流畅很快，而且镜头所呈现出来的画面也多了几分叙述感。特写转场的适用场景很多，无论要转换的两个场景是什么，都可以用这个技巧去转换。

2. 遮挡转场

遮挡转场，顾名思义，就是场景 A 和场景 B 的转换用一个遮挡来实现。遮挡的方式有很多，可以用建筑物遮挡，也可以用人的身体遮挡，不同的遮挡方式，可以营造出不同的转场效果。比如，我们拍摄一个人在城市的街道上行走的画面，走着走着，突然镜头被一根柱子挡住（镜头变黑），一两秒后，镜头在从柱子前移出，此时，这个人行走的场景变成了古城。这种转场方式可以给观众一种穿越感。再如，同样是拍摄一个人在城市的街道上行走的画面，在人物行走的过程中，镜头逐渐向人物推进，直到贴到人物的前胸，然后，镜头贴到人物的背上，镜头不动，人物继续向前走。这种转场方式能够给观众一种镜头穿过任务的感觉。

3. 屏幕转场

屏幕转场就是借助手机、电脑屏幕进行转场的一种技巧。简单来说，就是场景 A 在屏幕里，当我们需要转换到场景 B 的时候，只需要把镜头拉远一些，让呈现场景 A 的屏幕出现在场景 B 中。场景 A 是一组女生在海边散步的镜头，几秒钟之后，镜头拉远一些，场景转换成了一个男生拿着手机看场景 A，也就是场景 B。

4. 主观转场

主观转场就是按照镜头里人物的主观引导进行转场。比如，场景 A 中，一个人在看着天上的月亮，镜头跟随人物的视线转到天空，停留在月亮上，几秒后，镜头下移，转到场景 B，场景 B 中也有一个人在看着月亮。

5. 动作匹配转场

同一个人物，在两个不同的场景中做相同的动作，然后以这个动作作为转场的聚焦点，这就是动作匹配转场。比如，一个人在城市的街道上走着走着，突然做了一个跳的动作，然后镜头一转，还是这个人跳的动作，但是场景换成了海边。

6. 声音转场

上面提到的几个转场技巧都是借助画面实现的，我们还可以借助声音实现"丝滑"转场。有时候，两个场景反差非常大，通过画面实现"丝滑"转场很难，这时我们就可以从声音入手。比如，场景 A 中的男人从车上下来，电话响起，他接起电话，镜头中传出女人的声音"你到哪了，我等你半天了"，然后镜头转到场景 B，女人拿着电话，一脸失望的表情，电话中传出男人的声音"到停车场了，马上上去"。在切到场景 B 之前，女人的声音先出现，随后再转换到场景 B，突兀感就没有了。

7. 特效转场

特效转场就是在两个场景转换的间隙增加一些特效。比如，场景 A 是一个男生和一个女生在篮球场上打篮球，女生突然把篮球扔向男生，当篮球到最高点的时候，突然来一个燃烧的特效，场景 A 被一点点"烧"完，场景 B 出现（举办婚礼的教堂），此时，篮球变成了鲜花，男生伸手接住来自女生的鲜花。

上述转场技巧都是配合剪辑手法使用的，场景转换的点就是我们前面说的剪辑点，所以说，转场技巧和剪辑手法在思路上有相似性，都是围绕那个"点"进行设计。

字幕

在短视频中，字幕是必不可少的，它起着对画面内容提示、补充、强调、说明等作用，合理地运用字幕，可以使观众更直观地理解画面内容。另外，字幕本身也是一种视觉符号，合理地运用，可以对画面起到点缀作用，丰富用户的观感。因此，除特殊情况外，一定要在短视频中配上合适的字幕。在电影、电视剧中，字幕一般出现在画面的底部，在短视频中，没有严格要求，可根据画面需要选择适当的位置。

给短视频添加字幕时，必须满足准确性、清晰性、完整性、一致性、匹配性五个基本要求。

1. 准确性

准确性是给短视频添加字幕最基本的要求，不能出现错字、用错标点符号、断句错误等低级错误。我们在刷短视频的时候，有时会遇到字幕出错的情况，当错误较多时，甚至不能理解博主在表达什么，观感非常不好。我们一定不能把这种感觉带给用户，这非常不利于短视频账号的建设。

2. 清晰性

字幕不仅要准确，还要清晰。为了满足这一要求，在制作字幕时，需要从字体、字号、字间距、字的颜色等多个方面进行考虑，同时，还要考虑字幕在画面中的位置。如下图所示的短视频中的字幕被标题和标签挡住了，非常影响观看，这就是不合格的字幕。

字幕被标题和标签挡住

3. 完整性

短视频中的字幕一定要能够完整传达短视频的内容和意图，不能为了省事简略内容，导致用户看完字幕不知道表达的是什么。

4. 一致性

一致性是指短视频中的字幕在整个作品中要基本保持一致。为什么是基本保持一致，因为有时候需要突出某些内容，这时需要把与之相关的字幕做得大一些，或者涂上一些颜色，以区别于其他字幕。但除了特殊内容外，其他字幕需要是一致的，字体、颜色、大小等都需要保持不变。

5. 匹配性

字幕要和短视频的风格相匹配，以营造出一种和谐、统一的美感。如下图所示的短视频中的字幕，和恭贺新年的氛围相匹配，突出了新年的喜庆、热闹和欢乐。

字幕与视频风格相匹配

在满足上述五个基本要求的基础上，还可以根据短视频的需要，添加几种字幕效果，增强画面的表现力。

1. 跳动效果

跳动字幕就是给字幕添加了跳动效果，短视频里的声音说到哪个字的时候，哪个字就跳动一下。跳动字幕可以使字幕更有韵律感，增强画面的视觉效果。

2. 渐出 / 渐隐效果

渐出就是字幕逐渐显现出来，渐隐就是字幕逐渐隐藏起来。渐出、渐隐的效果可以使字幕的出现和消失不是那么突兀。如下图所示的短视频中的字幕，就是渐出的效果。

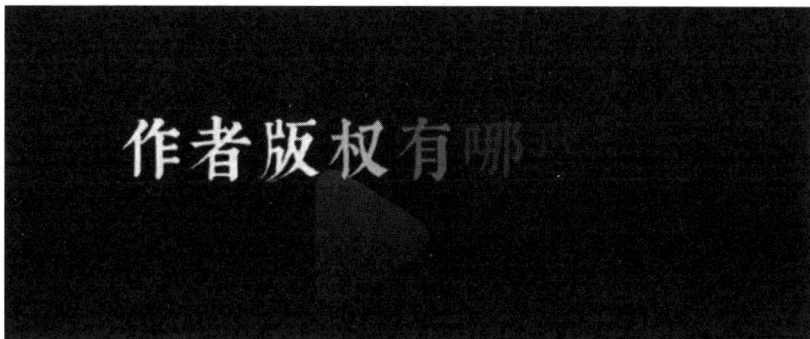

字幕渐出效果

3. 镂空效果

镂空字幕就是画面上出现的文字呈镂空状态，镂空部分露出来的是短视频里的画面。镂空字幕一般出现在短视频的片头，可以起到吸引用户眼球的作用。

4. 打字机效果

打字机效果就是字幕的出现像我们平时在电脑上打字一样，一个字一个字地出现，同时配上打字机的音效。打字机效果的字幕通常出现在短视频的开头，伴随着打字机的音效，文字一个一个地出现，交代该条短视频的重点。

背景音乐

无论是十几秒的短视频，还是十几分钟，甚至几十分钟的长视频，几乎都有背景音乐，这真的有必要吗？答案自然是肯定的。那么，在短视频中，音乐究竟起着什么作用呢？

首先，它起着营造氛围的作用。我们在看一些表演的时候，会说"氛围拉满了"，在短视频中，这个氛围靠什么拉满？背景音乐是一个不可或缺的因素。用文字描述可能不够直观，此时大家可以随便打开一个短视频，把声音关掉，感受一下，是不是氛围感少了很多。这种氛围感非常重要，它可以带动用户的情绪，让用户快速进入到你这条短视频的情境中。我们刷短视频通常都是一条接着一条地刷，上一条短视频和下一条短视频的情绪可能是截然相反的，用户带着上一条短视频的情绪刷到你的短视频，如果你的短视频没有背景音乐，用户带着上一条短视频的情绪看你的短视频，会产生一种格格不入的感觉，然后就划走了，相反，如果你的短视频设置了背景音乐，就可以把用户的情绪引导过来，让他进入你限定的情绪中，观看你的短视频。

其次，它可以使故事情感的传达更完整。在镜头里，人物的对白不是一直有的，其间出现的音轨空白有时会影响观众情绪的跟进，从而影响故事情感传达的完整性。此时，如果设置了背景音乐，观众的听觉线便不会中断，情绪会一直跟着画面走，这对于故事情感传达的完整性具有重要意义。

既然背景音乐如此主要，那么该怎么选择背景音乐呢？下面三个基本要求一定要达到：

第一，音乐风格和短视频的风格相匹配。例如，抖音博主"滚滚不是广坤"的短视频的主角是宠物，本身就是轻松、愉快的氛围，所以所选用的背景音乐都是轻松、欢快的风格。

第二，同时出现人声和背景音乐时，背景音乐的声音不要超过人声，否则会导致观众听不清人物在说什么。

第三，不能侵权。如果音乐有版权，切记，不要在没有拿到授权的情况下使用，避免出现版权纠纷。

对于新手来说，有时可能不知道该用什么背景音乐，在此，我们针对不同类型的短视频，总结了一些万能的背景音乐，当你不知道用什么背景音乐的时候，用这几首，肯定没错。

短视频类型	励志激情型	情感回忆型	记录生活型
万能的背景音乐	1. 你的答案 2. 夜空中最亮的星 3. 追梦赤子心 4. 少年 5. 我的天空 6. 我相信 7. 超越极限	1. 穿越时空的思念 2. 安河桥间奏 3. 一个人过冬天 4. 谁不是在流浪 5. 多想在平庸的生活拥抱你 6. 匆匆那年 7. 城南花已开	1. 淡忘在回忆里 2. 那年夏天 3. 万有引力 4. 恶作剧 5. 微微 6. 现在就出发 7. 大手拉小手

短视频类型	旅游打卡型	知识分享型	萌宠萌娃型
万能的背景音乐	1. 旅行的意义 2. 夏至未至 3. 这一生关于你的风景 4. 南锣鼓巷 5. 下一站，茶山刘 6. 日暮温柔 7. 远走高飞（阿拉萨版）	1. Despair 2. You 3. Horizon 4. Nothing To Fear 5. Intro 6. Visions 7. CREEP	1. 小熊饼干 2. 小朋友 3. 小孩子 4. 搞怪的鸭子 5. 胖嘟嘟 6. 魔性小孩 7. 日暮温柔

内容为王：
短视频营销的铁则

第**4**章

在繁华的都市中，有一家餐厅，深受食客喜爱。然而，随着餐饮行业竞争日益激烈，餐厅的经营者李老板发现，传统的广告宣传方式已经无法满足餐厅的推广需求。于是，他决定尝试短视频营销，以吸引更多的顾客。

李老板找到了一位专业拍摄短视频的导演，在两人商议之下，决定不使用夸张的广告语言和过度的修饰，而是用朴实、真挚的方式展现出餐厅的美味佳肴和温馨氛围，如餐厅的特色菜品、独特的食材、厨师的烹饪技巧、餐厅的烟火气以及食客的真实反馈等。

这些短视频在各大平台上发布后，引发了很多短视频用户的关注。一些餐厅的老用户纷纷晒出自己的用餐感受以及推荐的菜品。这些短视频还引起了一些探店博主的兴趣，他们探店后，也都给出了不错的评价。在这些探店博主的影响下，餐厅的知名度得到了进一步的提升。

李老板对这种营销方式的效果感到非常满意。他深知，这次成功的关键在于他们对短视频内容的精益求精。他意识到，在短视频营销中，内容的质量直接决定了营销的效果。只有制作出真正有价值的、引人入胜的内容，才能吸引观众的眼球，并让他们产生兴趣并采取行动。

在短视频爆火之后，短视频营销也紧随其后，迅速发展起来。然而，很多人理解错了短视频营销的本质，总是认为短视频营销的核心是营销，将大部分的精力都放在了营销上。其实，营销只是目的，要实现这个目的，短视频才是根本。如果忽视了这一点，只是把重心放到产品的营销上，那和直接给用户推送广告又有什么区别呢，又怎么可能吸引粉丝，更不可能实现短视频营销的目的。尤其在短视频账号的起步阶段，不能急于求成，把重心放在产品的营销上，放在如何变现上，这样无异于舍本逐末。所以，无论是前期经营短视频账号，还是中后期借助短视频做营销，都要始终坚持一个准则：内容为王。

账号没定位，后续全白费

很多时候，我们不知道我们的短视频账号究竟要做什么内容，常常是东一榔头，西一棒头，数据极大概率是不理想的，然后，便慢慢地放弃了短视频这条路。因此，做短视频，要想有一个好的数据，获得稳定的粉丝增长，首先要对自己的账号做好定位。那什么是账号定位呢？一句话来解释，就是你的短视频账号究竟要向用户呈现什么内容。

短视频的赛道有哪些？

做好账号定位的前提是了解短视频的赛道有哪些，目前，短视频的赛道可按照大类分成 11 类。

1. 口才类

口才类短视频靠的完全是博主的一张嘴，所以你要想做口才类短视频，必须有很强的语言表达能力。相比较而言，普通话标不标准倒不是非常重要，只有能够做出自己的特色来，有时，不标准的普通话甚至可以给你加分。口才类短视频也非常重视内容，因为拍摄、后期都占次要地位（博主一个人在那不停地说就行，不需要太多的拍摄手法和后期剪辑），如果内容不够出彩，口才再好，表达不出有价值的内容，也很难获得流量和粉丝。

2. 颜值类

在各个短视频平台上，高颜值的博主很常见，因为在美颜、滤镜的加持下，博主要想在镜头中呈现出一个高颜值的形象是一件比较容易的事。但由于各个短视频平台上的审美趋于同质化，导致用户看到的"帅哥""美女"似乎都长一个样，形成了审美疲劳。所以，要想在颜值类这条赛道中脱颖而出，其实颜值并不是最主要的，正所谓"始于颜值，陷于才华，忠于人品"，用户可能会对你的颜值形成审美疲劳，但不会对你的才华和人品形成审美疲劳。

3. 知识类

知识类短视频的作用是什么，很简单，帮助用户长知识。如果你能够持续生产优质的知识内容，粉丝的黏性会很高，转发量也会非常大，这会持续为你带来流量和粉丝。需要注意的是，作为知识类短视频博主，你不能做"知识的搬运工"，因为谁都可以搬运，这样无法做出自己的特色，也就很难在众多的知识类账号中脱颖而出。所以，在讲解知识的时候，要么你能够输出自己独特的见解，要么能够讲出别人讲不出的东西，要么能够比别人讲得更加通俗易懂，总之，要讲出区别，讲出特色。

4. 才艺类

在短视频时代，每个人的才艺都有了展示的机会。这里所说的才艺并不局限于我们常说的唱歌、跳舞、乐器，一些冷门技能也属于才艺的范畴。比如，"手工耿"的才艺是动手制作各种"无用"的东西，虽然他制作出来的一些东西确实无用，但他的动手能力是毋庸置疑的，而且非常有创意，所以深受用户的喜爱。

5. 剧情演绎类

剧情演绎类短视频通常以故事剧情为主。这类短视频最容易受到用户的喜欢，因为短短几十秒或者几分钟就可以看完一个故事，非常适合碎片时间观看。当然了，由于时间很短，所以对剧本的要求较高，需要在短时间内呈现出精彩的剧情，否则很难吸引用户。另外，该类短视频对出镜演员的演技也有一定的要求。

6. 解说类

解说类短视频包括游戏解说、体育赛事解说、影视剧解说等，其中，影视剧解说最为常见。电影，短的一小时左右，长的三四个小时，电视剧时间则更长。如今，人们的生活节奏越来越快，看影视剧的时间越来越少，而影视剧解说类短视频将电影、电视剧的情节提炼出来，让你几分钟、十几分钟就能了解一部电影讲了什么，正好迎合了用户的需求。除了凝练剧情外，还有一类是深入解析，帮助用户剖析剧情背后的深层含义。

7. 街访类

街访类短视频一般是关于特定话题的街头采访。这类短视频能不能获得流量，话题很关键。所以，我们看到很多街访类的短视频找的话题要么带有话题性，要么能够戳中特定人群的痛点，要么就非常的无厘头。总之，话题要足够吸引人。

8. 生活记录类

有一类博主，他们的短视频展现的是自己的日常生活，由于大部分人的生活很相似，所以这类视频要想获得流量和粉丝，就必须记录不一样的生活。比如，B 站上有一位名叫"杀心成焚酱"的博主，记录的是他的流浪生活。流浪，虽然很艰苦，但由于自由，被赋予了浪漫的光环，所以很多人对于流浪总是充满着向往。但看了"杀心成焚酱"的视频后就会发现，流浪真的不是一件浪漫的事情，如果可以，谁会选择流浪呢！

9. 萌宠类

现在的很多年轻人，对于萌宠似乎没有抵抗力，不少萌宠类的短视频点击量和分享量都很高。为什么萌宠类短视频这么容易获得流量，除了宠物本身"萌"之外，更多的因素是大部分人没有精力养宠物，但萌萌的宠物谁又不喜欢呢，所以只能去网上看各种萌宠。当然了，不是说养了宠物，随便拍几条短视频就能够获得流量和粉丝，要学会给宠物立"宠设"，打造一个独属于你的宠物的 IP。另外，养宠物不是一件轻松的事情，养宠物之前要三思，街头的流浪狗、流浪猫已经很多了，不要让你的宠物也成为其中的一员。

10. 搞笑类

搞笑类短视频最大的作用就是可以给用户带去欢乐。学习、工作之余，刷几个搞笑短视频，"哈哈哈哈哈哈"地笑上几声，负面情绪也因此消除一些，何乐而不为呢。搞笑类短视频没有专业门槛，只要能够让用户开心，就是成功。

11. 情感类

情感类短视频的优势在于只要和用户产生情感共鸣，便能够有效增强用户粘性，后续变现一般也比较顺利。有一点需要注意，不能把情感类短视频和鸡汤类短视频画等号，严格来说，"鸡汤"属于情感范畴，只不过"鸡汤"虽然"好喝"，但"营养价值"较低，所以情感类账号可以发"鸡汤"，但不能太多，还是要以"有营养"的"干货"为主。

SWOT 分析法助你快速定位

了解了短视频赛道之后，该如何给自己定位呢？ SWOT 分析法可以帮助我们快速定位。SWOT 分析法也称态势分析法，"S""W""O""T"四个字母分别是 strengths、weaknesses、opportunities、threats 的首字母，代表的意思分别是优势、劣势、机会、威胁。

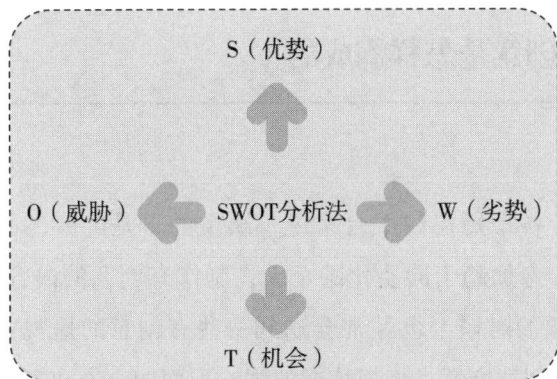

SWOT 分析法

首先，分析自己的优势，知道自己有哪些特长，是擅长写段子，还是擅长唱歌跳舞，抑或擅长做饭。如果能够清晰地找到自己的优势，并且这个优势有发挥的空间，那么便可以根据自己的优势去定位大方向了。如果不能清晰地找到自己的优势，或者没有明显的优势，可以根据自己的兴趣点去定大方向。

其次，分析自己的劣势。每个人都有劣势，我们大可不必为自己的劣势懊恼，只需要做到扬长避短就可以了。当然了，如果我们可以把劣势变成我们特有的标签，也可以去放大这个劣势。

再次，寻找让自己的短视频上热门的机会。如今，短视频的"风口"已经过去了，但并不代表没有机会了。我们要密切关注各短视频平台的热搜榜单，制作与热搜相关的内容，这样会得到更多的推荐机会。

最后，分析可能存在的威胁。其实，当我们有了初步的定位之后，最大的威胁就是那些和我们定位相同的短视频博主。想想看，如果我们做的内容和他们相同，用户为什么要关注一个"新号"，而不去看那些有更多人关注的大博主呢。所以，要想降低来自同行的威胁，就要做到差异化，做出自己的特色。

好创意是怎样炼成的

如今，对于各个短视频平台来说，缺少的不是内容，而是有创意的内容，尤其在内容愈加趋于同质化的今天，制作有创意的内容显得更为关键。我们在刷短视频的时候，也经常会刷到一些有创意的短视频，并被它们吸引。那么，好的创意究竟是怎样炼成的呢？下面四个方法可供参考。

1. 灵感库法

灵感有时候会突然在我们的脑袋里冒出来，但大多数时候，我们的脑袋都是空的，不知道如何下手。所以，我们需要建立一个灵感库，在脑袋空空的时候，就去看我们的灵感库，其激发灵感的产生。那么，该怎么建立灵感库呢？最简单的方法就是大量刷短视频，把有创意的视频下载下来，然后把这些视频按照不同的类型进行分类，这样我们就得到一个灵感库。分类的时候，尽可能细致一些，在故事创意、拍摄创意、后期创意的基础上，再做更加细致的划分，如后期创意中可细分为音乐节奏创意、声音设计创意、节奏卡点创意等，当我们需要的时候，可以快速定位到我们需要的灵感视频。

2. 给内容做"加减"法

当我们对短视频的内容有了初步的设想后，可以给内容做"加减"法。

加法怎么做？在普通的内容上，加上一些有意思的表现形式。比如，做汽车讲解视频，你如果站在汽车前面讲解汽车，没有任何的新意，但如果你走到大马路上，过去一辆车，你解说一辆车，是不是就有意思多了。

减法怎么做？把视频中的元素减少。以探店视频为例，当要探一些"苍蝇馆"时，音乐、文案、运镜这些统统减去，只呈现最真实的探店镜头，还原"苍蝇馆"该有的烟火气。

3. 象限法

象限法需要借助上学时我们学过的象限来进行操作，共分四步：第一步，在白纸上画出一个象限，在横坐标的左边写上过去，右边写上未来，纵坐标的上面写上喜爱，下面写上恐惧；第二步，进行组合，第一象限是人们想要的东西，第二象限是人们怀念的东西，第三象限是人们遗憾的东西，第四象限是人们焦虑的东西；第三步，结合我们短视频的目标用户，分析他想要的东西、怀念的东西、遗憾的东西、焦虑的东西；第四步，形成创意。例如，如果我们是做美食账号的，"过去"旁边可以写上"小时候"，"喜爱"旁边可以写上"零食"，将它们组合起来，就形成了"小时候的零食"这个具有怀旧感的创意。

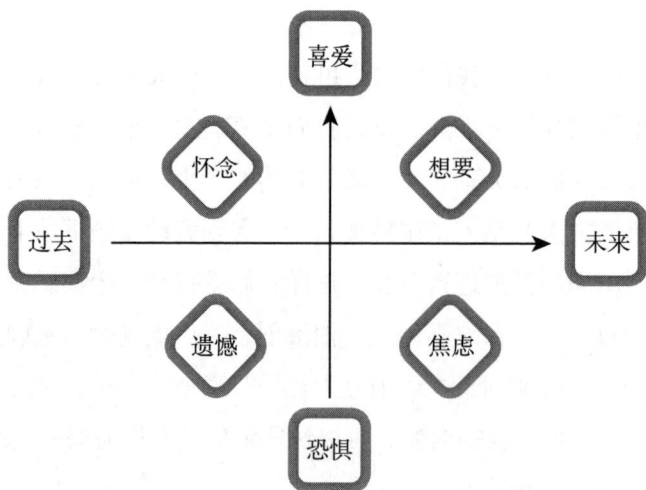

提炼创意的象限

4. 背离常理法

在我们的日常生活中，有很多符合常理的事情，这些事情我们已经习以为常，但如果你的思路能够背离这个常理，它便可能会演变成一个好的创意。比如，下雨天的时候，为了不让手里的东西被雨淋湿，我们通常会把东西抱在怀里，甚至用衣服护住它。如果只是拍这样一件事，不可能有播放量，太寻常，也太无聊。但是，如果我们怀里抱的这个东西是一把雨伞呢？并且在短视频的最后才揭晓答案，搞笑的效果一下就出来了。我们要背离的常理越常见，效果越好。

除了上述四个方法，我们还可以从创意的角度切入。创意的角度有哪些？前面其实已经提到，故事创意、拍摄创意、后期创意，这些都属于从不同角度提炼出的创意，当然，我们还可以从更加细化的角度切入，如节奏卡点创意、声音设计创意，但他们都属于上述三个角度的划分，所以在这里，我们只介绍故事创意、拍摄创意、后期创意这三大类。

什么是故事的创意？说白了，就是我们拍摄的内容要有创意。以美食账号为例，故事，就是你做饭的过程，但如果你像大多数人一样，只是单纯地记录做饭的过程，这个故事就是一个缺乏创意的故事，自然很难获得流量和粉丝。但如果你可以在做饭的过程中融入一些有创意的点，比如，亲子一起出镜，家长在旁边做饭，孩子在旁边问东问西，这样，这个故事就有了创意。关于故事的创意，有一点还需要强调一下，就是很多人容易把故事的创意等同于短视频的创意，但其实，故事的创意只是其中的一个角度，虽然它的占比很重，但如果绞尽脑汁还是想不出有创意的故事，可以从拍摄和后期两个角度入手。

想好了故事之后，接下来便是拍摄了。如果故事很平淡，那就从拍摄上寻找一些有创意的点。比如，B 站上有一个 up 主叫"日食记"，他拍摄出来的做饭视频就非常有意思，文艺中带着一丝搞笑，搞笑中带有一丝慵懒，慵懒中带有一丝生活气息，综合起来，就是非常有意思。要达到这个效果，看似简单，但其实里面包含非常多的运镜技巧、镜头语言，所以学习如何运镜，如何让镜头"说话"非常重要。

如果故事没创意，拍摄也没有创意，那就在后期剪辑视频的时候花点心思，赋予短视频一些创意。比如，B 站有一 up 主叫"蚊子 - 学做美食"，他打出的标签之一是"互联网手替"。为什么打这样一个标签，因为在互联网上有太多的美食教程，这些教程五花八门，有些博主为了博取眼球，会把教程中的一些说法夸大，如果你按照他的教程去做，根本就做不出教程所说的效果，有时甚至饭都做不成，最后，既浪费了时间，又浪费了食材。"互联网手替"的作用就是替广大网友去验证教程的真假，如果教程的真的，那么大家就可以放心大胆地按照教程去做，如果教程是假的，up 主替大家踩了雷，大家也就不同去尝试了。其实，在短视频平台上，做类似内容的博主也不少，为了让自己的视频更有创意，up 主在按照教程做完美食后，都会尝一口，然后画面一转，出现一个不到 10 秒的小片段，食物的美味程度不同，放的片段也不同。片段主要有四个，不同的片段，代表着不同的结果：烟花，代表成功，可以尝试；天堂，代表失败，不建议尝试；城堡，代表着非常成功，强烈建议尝试；雪花，代表着制作难度大或者制作时间长，不建议尝试。这个用小片段表示美食制作成败的小创意取得的效果非常明显，在短视频的开头，会飘出很多猜测结尾的弹幕，如"盲猜烟花""雪花预定"等，在结果揭晓后，"预测成功""盲猜成功"等弹幕会再一次飘出。不到一年时间，这个 up 主的粉丝就超过了 100 万。

制作内容的几个万能公式

对于新手小白来说，制作内容是一件比较费力的事情，但只有持续地更新内容，才能获得平台的推荐，也才能获得用户的青睐，所以，在这里，我们讲几个制作内容的万能公式，不同公式适用的类型不同。新手小白们可以套用这几个公式，提高视频制作的效率。

公式一：开头黄金 3 秒 +N 个爆点 + 金句收尾

短视频是否能够留住划到它的用户，开头的 3 秒就够了，这就是"黄金 3 秒"的由来。如果开头 3 秒，不能够抓住用户的眼睛，用户划走了，那么这个短视频被平台推荐的概率会越来越低，流量也会越来越少。所以，在制作短视频时，一定要抓住开头的黄金 3 秒，留住划到你短视频的用户。

留住用户之后，还要让用户能够看下去，这就需要在短视频中制作几个爆点。什么是爆点？我认为，任何能够引发用户情绪的点都可以看作是爆点，如热点、笑点、泪点、共鸣点、冲突点、知识点等。

在视频的最后，以一个或几句金句收尾，这个金句能够起到画龙点睛的作用，让前面爆点的效果得到加强。

公式一一般适用于故事类、搞笑类、情感类短视频。

案例

李宗恒的短视频《班主任：服了这俩老六了~》，点赞量两百多万，评论六万，转发三十多万。为什么这个视频可以爆火，我们可以用"公式一"去给他拆解。

开头黄金 3 秒：一位女士一边走一边看表，并说道：完了，完了，家长会要迟到了。刚说完这句话，镜头中冲进来一位男士，也说道：完了，完了，要迟到了。

开头的 3 秒设下了疑问，两位家长家长会要迟到了，后面会发生什么呢？这个疑问引导着用户继续看下去。

接下来，就是 N 个爆点。

爆点 1：女士问男士：你是哪班家长？男士说：三班的。女士说：我也三班的。然后两位家长从快走转为慢走，并异口同声道：那不着急了。【果然是两个"老六"（网络用语，形容不靠谱）家长】

爆点 2：女方进入教室后，向老师道歉：不好意思，昨晚加班太晚了，坐下后，高跟鞋的鞋跟上卡着一个筛子。随后，男方倒退着走进教室，老师说：你怎么还往外走呢？男方说：我寻思上个厕所。老师说：您稍微等一下。【两个"老六"家长应对迟到的"策略"】

爆点 3：女士来到最后一排，和坐在最后一排的男士说，想给孩子换下位置，男士拿出孩子的试卷，说道：我家孩子这次考得挺好，81 分，没必要换了吧。女士把试卷倒过来，18 分。【"老六"家长看试卷都拿不对】

爆点 4：老师看着女士说：这么多年，第一次看到把孩子作为往后换的家长。女士说：其实坐哪不重要，重要的是，让大悦辅助全班同学，把平均分拉上去。老师疑惑地问道：谁是大悦？这时，门外出现一个女学生，问道：妈，你怎么在这呢？女士回道：这不是三班吗？女学生说道：这是初二三班，我都初三了。【"老六"家长记错孩子年级】

爆点 5：男士看着女士，一脸嫌弃且理直气壮地说道：你连你孩子哪个

班都不知道，你还在这抢座呢，咱们一中怎么你有你这样的家长！【男方理直气壮，情绪非常饱满，为后面的"大脸"做铺垫】

金句结尾：男方话音刚落地，老师大声说道：这是二中。【一句"这是二中"，狠狠地打了男士的脸，加强了男士"老六"的形象，短视频在男士逃离教室的场景中结束】

公式二：熟悉的场景＋熟悉的故事（含有爆点）＋意外转折

熟悉的场景，也可以比较有效地吸引用户，因为用户对这些场景比较熟悉，他们会想知道在这个熟悉的场景中会发生什么故事。

在熟悉的场景中，发生着熟悉的故事，这时，有些用户会继续观看，但有些用户会觉得太过平常，太过熟悉，然后就划走了。为了更有效地留住用户，在设计熟悉的故事时，应加入一些吸引用户的爆点。

虽然有爆点，但故事还是那个熟悉的故事，用户的情绪波动不会太大，此时，以一个用户猜不到的意外转折作为结尾，"打"用户一个措手不及，让用户直呼创作者"有毛病"。

公式二一般适用于搞笑类、毒鸡汤类短视频。

案例

李宗恒的短视频《怎么啦》，点赞量三百多万，评论将近二十万，转发五十多万。为什么这个视频可以爆火，我们可以用"公式二"去给他拆解。

熟悉的场景：场景是大学宿舍。【对于上过大学的人来说，这个场景非常熟悉，有上下铺，有一群"沙雕"男室友】

熟悉的故事：大学生通过微信向喜欢的女生询问：你有喜欢的人吗？然后几个"沙雕"室友在旁边欢呼，好像已经取得了胜利一样。【在大学里，向喜欢的人询问新意或者表白的故事非常多，尽管方式不同，但故事都是那个熟悉的故事。几个"沙雕"室友在旁边欢呼，是一个爆点，因为男生宿舍的确是这个样子，然后视频通过略微的夸大，营造了一个笑点，同时也营造

一个共鸣点】

几秒后，女生回复道：有啊，她正在跟我聊天呀。听到这个回复，所有男生再次欢呼起来，这次的欢呼更加激烈，因为女生的回复已经非常直白了，她喜欢的人就是在和他聊天的男生。【女生回复男生时，使用了"夹子音"（夹着嗓子说话，可以使声音显得更加可爱），"夹子音"属于一个有话题的小热点，这是这个故事场景中另一个爆点】

意外转折：正当所有男生都觉得胜利在望时，男生回复了一句：你俩先聊，完事找我。【男生的"神操作"出人意料，搞笑效果达到了极致】

公式三：痛点问题 + 问题解答 + 解决方案

痛点问题能引发用户的共鸣，吸引用户观看短视频。

对痛点问题进行解答，讲清楚为什么会这样？

剖析完问题后，提出解决方案，让用户知道该怎么做。

公式三适用于实用技巧类短视频。

案例

央视新闻的抖音账号上有一个"医问到底"的栏目，这个栏目的很多视频都有非常高的点赞量、评论量和转发量，我们以其中的一期短视频《午睡有啥好处？为什么有人午睡后头昏脑涨？》为例，详细讲讲公式三是如何运用的。

痛点问题：午睡有啥好处？为什么有人午睡后头昏脑涨？【对于上班族来说，午睡是一个痛点，到底要不要午睡？午睡真的有好处吗？为什么午睡后有时会头昏脑涨？对于这些问题，很多上班族都需要一个专业地解答。短视频中出镜回答问题的人都是专业的医生，在专业度上比一般人的回答更高】

问题解答：医生首先罗列了午睡的好处：①能够促进脑细胞修复，提高记忆力、认知能力和警觉性，有助于提高下午的工作效率；②提高人体免疫力。然后，医生针对午睡后头昏脑胀的问题进行了分析：一个睡眠周期是90

到 100 分钟，前 30 分钟，处在浅睡眠的状态，比较容易被唤醒，超过 30 分钟后，会进入到深睡眠的阶段，如果在此时醒来，就容易头昏脑胀。

解决方案：午睡时间保持在 20～30 分钟，如果睡不着，短暂的闭目养神也可以帮助我们恢复精神。另外，午睡时还要注意睡觉的姿势，躺着睡是最好的姿势，如果条件不允许，只能趴着睡，要注意不能压迫眼睛。

在各个短视频平台上，类似我们提到的这几种例子还有很多，我们可以多去看一些爆款短视频，并用这些公式去剖析它们，学习如何更好地运用这些公式。

内容策划，抓住用户的这 5 个心理

用户喜欢看某个短视频，或者关注某个博主，离不开 5 种心理：好奇心、共鸣心、消遣心、怀旧心、学习心。所以，在策划短视频内容时，可以从用户的这五种心理出发。

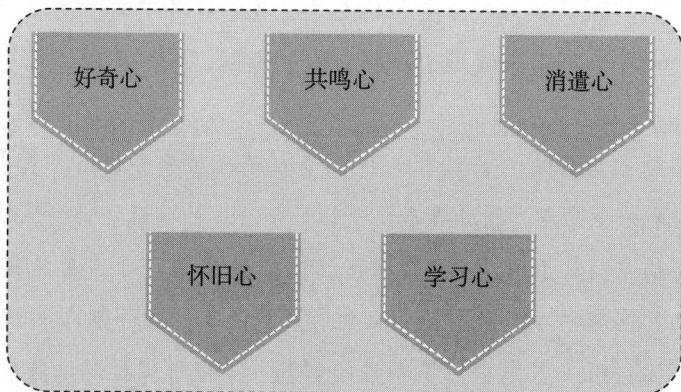

好奇心　　共鸣心　　消遣心

怀旧心　　学习心

内容策划时要抓住用户的 5 种心理

勾起用户好奇心

大部分人都有较强的好奇心，对于那些未知的、新奇的事物，更容易产生探索的欲望。针对人们的这个心理，博主在策划内容时，可以增加一些容易勾起用户好奇心的内容，吸引用户观看。

例如，抖音博主"真子日记"发布了一条"你身边有这种闺蜜吗"的短视频，只看到这个标题，很多用户就会产生好奇心：究竟是怎样的闺蜜呢？点进去之后，一个女生说道："怎么老不接我电话呀。"话音刚落，旁边的闺蜜答道："现在他都把你追到手了，当然不接你电话了，追你的时候信息秒回，现在呢，呵～"听到闺蜜的话，女生说道："假如他在忙呢？"闺蜜答道："再忙不能抽个几秒钟回复你吗？在他心中啊，你都不值得花费几秒钟的时间，你回到家找他对质，他肯定和你说，他很忙的，要赚钱养家啊。"随后，镜头一转，来到了女生家里，她的男朋友冲着女生说道："我忙啊，我赚钱不是为了让你生活得更好嘛。"听到男生的话，女生反问道："追我的时候不忙，追到手了就忙了是吧。"男生躲到卫生间，说道："我在开会，我怎么回复你啊。"随后，镜头又转到下一个画面，闺蜜又在女生旁边各种说她男朋友的不好。在看短视频的过程中，我一直在想，后面还会发生什么剧情，女生的闺蜜究竟还会说出什么更离谱的话呢？在这种好奇心的驱使下，我看完了整个视频。当然了，这个短视频使用了夸张的手法，不是针对闺蜜这个角色，而是针对那些背后说闺蜜男朋友坏话，唯恐闺蜜生活得太幸福的假闺蜜。

激发用户共鸣心

情感共鸣是指一个人感受到另一个人的情感状态而产生与他相同情感体验的一种状态。比如，当你和一个快乐的人在一起的时候，你会受到他情绪的感染而变得快乐。短视频的内容也可以产生这样的效果，引起用户的共鸣。博主可以抓住这一点，利用和用户相同的经历、观念等引起他们的共鸣，进而吸引他们观看，甚至转发和关注。

例如，抖音博主"朝阳冬泳怪鸽"首页置顶的一期短视频中，博主正对着镜头，大声说道："我们决不能沦陷在自私的温柔乡，我们一定能怒放在奉献的大道上，加油，奥利给！！！"虽然只有短短的几句，但博主激昂的情绪，引起了很多人的共鸣。这条短视频的点赞量高达一百多万，转发和评论也都达到了五万。

满足用户消遣心

在繁忙的工作之余以及琐粹的生活之中，人们需要找一些能够放松自己的东西，这就是用户的消遣心，如果能够满足用户的这一心理，便可以抓住用户，从而收获流量和粉丝。例如，抖音博主"李宗恒"凭借着一个个搞笑的短视频，积累了一千多万的粉丝。

相比较而言，做搞笑类的短视频，更容易在前期获得较高的播放量，甚至积累较多的粉丝，但它的缺点也非常明显，那就是粉丝的忠诚度普遍较低。因为要满足用户的消遣心，内容不仅要轻松愉快，还要通俗易懂，这带来的一个问题就是内容缺乏深度，无法在更深层次上打动用户，所以粉丝对于博主不会产生太深的情感，黏度较低。对于粉丝来说，他们关注你就是觉得你的内容好玩，如果你的内容里面开始插入广告，或者开始卖货，用户会觉得你的内容"变味"了，这也是为什么搞笑类账号不容易变现的一个重要原因。为了提高用户忠诚度，增强用户黏性，在策划搞笑类的内容时，可以偶尔融入一些有深度的内容，也就是短视频中我们常说的"内容升华"，与此同时，每隔一段时间（两月为宜）升级一次内容，避免用户产生审美疲劳。

引发用户怀旧心

随着年龄的增长，很多人都会产生怀旧情绪。比如，当看到一个童年吃过的零食、玩过的玩具时，会忍不住感叹，甚至发出"童年真美好"的感慨。为什么年龄大了之后会怀旧呢，因为小时候无忧无虑、天真烂漫，而长大了之后，需要面对生活中的各种"难题"，尤其当遇到一些不知道如何解决的问题时，就会想起小时候的单纯美好。人们会产生怀旧情绪还有另外一个原因，那就是时光过去了，便回不来了，可有些逝去的美好又是那么的美好，又怎么可能不让人怀念。目前，在各个短视频平台上都有怀旧类的内容，主题大多以童年、学生时代为主。

例如，抖音博主"农村大嫂"发布了一条短视频，短视频只有 9 秒，配的文案是"小时候院子里堆满了玉米，把电视搬出来，邻里乡亲围着玉米堆，边看电视边剥玉米，有说有笑……这种场面你还记得吗？"镜头呈现的画面非常简单，就是邻里乡亲坐在院子里，一边看电视，一边剥玉米。对于很多在农村长大的"80 后""90 后"来说，这个场景非常熟悉，那时候，还没有收割机，玉米需要用手一个一个地剥开，电视机也是黑白色的。这个短视频成功勾起了很多人的回忆，点赞量高达十几万，转发四万多，评论接近两万。点开评论区，你会看到各种各样的感慨，如"儿时的回忆，再也回不去了""好怀念呀！可惜回不去了，再也回不去了""这一幕是我们 8 岁的样子"……

满足用户学习心

大部分用户刷短视频都是漫无目的的，单纯的就是为了消遣，但也有一部分用户刷短视频的目的非常明确，那就是学习一些知识或技能，以充实自己。其实，那些刷短视频漫无目的用户，有时也会产生学习的需求，因为他们已经习惯了看短视频的方式，所以在产生学习的需求时，通常会在短视频平台找一些相关领域的博主，通过看他们的短视频满足学习的需求。在各个短视频平台上，我们都可以看到讲解各类知识的博主，只要他讲的内容里有很多"干货"，通常都积累了较多的粉丝。

例如，华中师范大学文学院古代文学教研室教授戴建业在 B 站开设了一个名叫"戴建业老师"的账号，目前为止，这个账号已经更新了四百多条视频，内容大多和文学相关。戴建业老师讲的知识都是"纯干货"，而且讲述的方式非常有趣，听起来完全不枯燥，在 B 站非常受欢迎，有四百多万的粉丝。比如，有一期短视频讲了《春晓》这首诗，这是小学必学的一首诗，在很多人看来都非常简单，但戴建业老师认为很多人都没有真正理解这首诗，抛出这个观点后，他一句句地对这首诗进行解读，最后得出一个结论：这首诗表现的是孟浩然作为一个封建社会士大夫的那种闲情逸致。听完戴建业老师的讲解后，你会发现，他的解读角度非常新颖，但说得句句有理，让你对这首诗以及诗人有了新的认识。

当然了，要策划知识类的内容，需要你或者你的团队里有非常专业的人员，能够长期输出"干货"，所以策划该类内容的门槛一般也比较高。

团队是"高产 + 优质"的保证

如果一个短视频账号既要做到优质，又要做到高产，那一定少不了团队的力量。当然了，也存在特殊情况，但只是极少数，大多数"高产"+"优质"的短视频账号背后都有一个团队，或大或小。小团队和大团队在结构上很相似，只是在人员规模上不同。小团队和大团队的人员组成见下表。

初级小团队		编导 演员 摄制 运营
专业大团队	编导组	导演 编剧 策划
	演员组	演员 配音 化妆
	摄制组	摄影 道具 美工 灯光 剪辑
	运营组	运营 数据

那么，该如何组建短视频团队呢？一般情况下，组建短视频团队可三个步骤：①招聘；②培训；③管理。

招聘 ➡ 培训 ➡ 管理

组建团队三步骤

第一步：招聘

招聘之前，要做好一系列的准备工作，包括明确岗位需求，选择招聘信息投放渠道、准备面试场地、设置面试员等。做好这些准备工作之后，便可以发布招聘信息了，招聘信息上应写清楚工作职责、任职资格、教育水平、专业要求、工作经验、考核指标、薪酬等信息。收到应聘人的简历之后，先初步进行筛选，筛掉不符合要求的人，符合要求的人邀请面试。面试时，可以从两个角度询问求职者：①技能，询问求职者掌握了哪些技能，这些技能需要和招聘岗位有较强的关联性；②作品，询问求职者是否有相关作品，如果有，这个作品取得了怎样的成就。面试结束后，筛选出符合要求的人才。

第二步：培训

筛选出的人才虽然符合要求，但一定要进行培训，尤其当招聘的人才是刚毕业的大学生时，没有太多的工作经验，培训环节更是不能跳过。培训也可以分三个步骤：

①分析爆款视频。给新员工提供几十条爆款短视频，先带领他们分析其中的一部分，让他们知道这些爆款短视频哪里比较好，然后让他们独自分析剩下的一部分爆款短视频。请记住，做短视频，独立思考能力是必须具备的，所以一定要给新员工独立思考的机会，锻炼他们独立思考的能力。

②分享交流。分析结束后，让新员工上台分享自己的分析结果，分享结束后，大家一起进行交流。

③实操。经过了几轮分析、分享和交流后，便可以让新员工上手实操了，让他们在实操中真正成长起来。

第三步：管理

培训结束后，团队基本就组建起来了，但这并不意味着组建团队的工作就结束了，还有最关键的一环，那就是管理。有效地管理才能使团队发挥最大的效能。管理的模式有很多种，在这里，我分享一种我认为比较适合短视频团队的管理模式——OKR（Objectives and Key Results，OKR）模式。OKR（Objectives and Key Results）可以拆开来理解：

O（Objectives）：目标，代表着我要达成什么目标；

KR（Key Results）：关键结果，代表着我要通过什么途径去实现目标。

再简单理解，OKR模式就是上司制定一个目标，至于通过什么途径去达成这个目标，上司不管，只要员工达成了这个目标就行。

做短视频，非常重要的一点是"释放"，要让员工的优势得到"释放"，而不是压抑，所以管理的时候，不能过多地约束员工，OKR 模式符合这一理念，所以我认为，管理短视频团队的人可以借鉴这一模式。

制作优质的内容，你还需要知道这些

有个性≠优质

在短视频内容日趋同质化的今天，有个性的内容，更容易吸引用户。例如，抖音博主"Tiger 西西"是一位美食博主，她的内容非常有个性，展示要使用的食材时，她都会加上一个巧妙的转场。比如，有一期短视频是展示土豆丝饼的制作过程，切土豆丝时，她展现的场景不是在菜板上切土豆丝，而是在用一个小工具从一个黄色的香皂上刮一条香皂丝，刮下来之后，她把香皂丝轻轻地提起来，将香皂丝拿到了一盆土豆丝的上方，然后，把手里的土豆丝（场景转化之后，香皂丝已经换成了土豆丝）放到了盆里。这个转场非常有个性，是区别于其他美食博主的一个特色。

当然了，有个性和优质的内容中间不能简单地换上等号，这是很多短视频制作者容易陷入的误区，认为有个性了，观看量高了，就是优质的内容了，但其实，有个性只是第一步，它的作用是抓住用户的眼睛，要留住用户，把吸引来的用户转化成粉丝，还需要有实质性的内容，真正地吸引到用户。同样以"Tiger 西西"为例，她的转场非常有个性，与此同时，她制作的美食难度也不高，而且用户按照她的教程也能够复制出来，所以她在抖音平台上才能够收获八十多万的粉丝。

优质的内容，不用忌讳"蹭"热点

讲完了个性内容和优质内容的关系，我们继续讲讲优质内容和"蹭"热点的关系。对于短视频运营者来说，"蹭"热点是带来流量的一个绝佳途径，前面我们讲短视频选题的时候，也提到过选题可以和热点联系起来，这样可以为你带来更多的流量。但是，对于"蹭"热点这个行为，很多人持否定态度，认为"蹭"热点是一种投机取巧的行为，是一种消费用户关注度的行为，所以很多用户非常反感"蹭"热点的博主。这种现象导致一些博主也形成了一种观念：优质的内容一定不能"蹭"热点。在他们看来，"蹭"热点是一种低级的行为。

这种观点其实没有错，尤其对于一些已经有了一定粉丝积累的账号来说，或者说在致力于打造个人 IP 的账号来说，"蹭"热点确实应该谨慎，因为一旦操作不当，可能前期的很多努力都会白费。但是，对于新手来说，最缺的就是流量，而"蹭"热点是为他带来流量的一个非常有效的途径。当然了，"蹭"热点只是手段，落到根本上，还得是内容，所以我们的观点是：优质的内容，不用忌讳"蹭"热点，而不是只有后半句。

例如，B 站上有一个叫"我是孙火旺"的 up 主，他的内容基本和当下的热点挂钩，表面上一看，他是在"蹭"热点，但当你看了他的内容后会发现，他的内容质量非常高，从他短视频的评论区，你看不到一条反感他"蹭"热点的评论，相反，都是各种支持的言论。由此可见，"蹭"不"蹭"热点不是关键，能不能制作成优质的内容才是关键，只要能够制作出优质的内容，不必对热点避之不及，反而应该充分利用它，帮助我们获得更多的流量，进而让我们优质的内容在更大范围内传播。

会区分有效爆款内容和无效爆款内容

对短视频有一点了解的人都知道，短视频中有爆款一说，但很多人不知道，短视频的爆款分有效爆款内容和无效爆款内容。有效爆款内容指涨粉率高的爆款，无效爆款指涨粉率低的爆款。

在刷短视频的时候，不知道你有没有发现一个现象，有些账号的某个或某几个作品的点赞数、评论数、转发数都很高，但该账号的粉丝数量却不高，有些账号甚至只有几百、几千个粉丝。例如，抖音博主"晶静"有一期短视频的点赞高达两百多万，转发也达到了十几万，但该账号的粉丝只有4.2 万，这就属于无效爆款，没有为他带来大量的粉丝。

如果我们不能区分有效爆款内容和无效爆款内容，看到非常高的点赞量、评论量、转发量，我们一定会认为这个视频制作得非常成功，但其实，它并没有带来明显的粉丝数量增长，这说明这个短视频很可能存在一些问题，我们接下来要做的不是庆祝，而是要去分析为什么会导致这个特殊的现象，去找到问题所在，争取下一次制作出更加优质的内容，在获得高点赞量、评论量、转发量的同时，也获得明显的粉丝数量的增长。

必不可少的复盘优化

有些博主发布完视频后，会觉得这个视频的工作全部结束了，然后便投入到下一个短视频的制作中。这是一个非常大的误区，发布完视频只是某一个阶段的终点，我们在投入下一个视频制作的同时，也要对上一个发布的视频进行复盘，分析为什么这个视频成了爆款，或者分析为什么这个视频沉底了，然后将得到的结论应用到下一个视频中，使视频不断得到优化。

复盘必看的几项基础数据

有几项基础数据，是复盘时必须看的，包括播放量、点赞量、收藏量、评论量和转发量。

1. 播放量

什么是播放量，简单来说，就是你的短视频被用户观看的次数。播放量越高，说明你的短视频被用户观看的次数越多。播放量可以细分为昨日播放量和累计播放量。昨日播放量就是昨天一天，你的短视频有多少用户观看；累计播放量就是所有的昨日播放量加起来的总和。

无论是昨日播放量，还是累计播放量，都能够反映一点，那就是你的短视频是不是能够吸引用户点进去观看。在短视频首页，什么是吸引用户观看的影响因素，主要有三个：选题、标题和封面。能够吸引用户的元素越多，越能够吸引用户，用户点击你短视频的概率就会得到提高。所以，如果你的短视频播放量很低，可以从这三个方面着手，设计吸引用户点击的选题、标题和封面。

对于昨日播放量，有一点需要特别说明下，那就是突然有一天，一条很久之前拍的短视频播放量突然变得很高，这说明最近一定突然有某个话题非常热，而你的这条短视频，恰恰和这个话题相关。面对这种情况，一定要抓住机会，可以在评论区置顶一些评论，也可以加紧制作一条和这个话题相关的短视频，从而吸引更多的流量。

有些短视频平台，是刷一条播放一条短视频的模式，用户不用点击就可以看到短视频，如抖音。每一条短视频上传到平台后，平台都会推送一些基础的流量，比如100个用户，这些用户在刷到你的短视频后，如果没有任何互动，如点赞、收藏、评论等，平台就会判定你的短视频不够优质，后面的推流会越来越少，这样的短视频播放量一般都比较低。所以，针对该类平台，如果播放量很低，那一定是点赞量、收藏量、评论量、转发量等基础数据很差。内容肯定是导致这种情况的一个重要原因，但除了从内容着手外，还可以从这几项数据进行分析。

2. 点赞量

点赞量有两个数据，一个是某个短视频的点赞量，另一个是账号的点赞量。其实，账号的点赞量就是所有短视频点赞量的总和，所以，在分析点赞量时，多数情况下只需要分析短视频的点赞量即可。少数情况是什么情况，有一种比较典型的少数情况是账号的点赞量比较高，但是账号下大部分短视频的点赞量都不高，只有几个，甚至只有一个短视频的点赞量很高。对于这种比较特殊的情况，就需要结合账号的点赞情况进行分析，弄清楚为什么只有几个或者一个短视频的点赞量很高，而不是只把这个短视频置顶，这样起到的作用并不大。

那在什么情况下，用户会点赞呢？有可能用户认同你的观点，有可能用户被你短视频中的正能量所触动，也有可能因为你在短视频中表现出了出色的才华。原因可能有很多，但概括起来，可以归结为一句话：你的内容中一定有某个触动他的"点"。对于不同的人，这个"点"也是不一样的。所以，要想提高短视频的点赞量，一定要有清晰的定位，知道你的短视频面向的是哪个群体，然后分析这个群体更容易被哪些"点"触动。还有一条策略值得参考，那就是查看用户的点赞时间，看在哪个时间段内，用户的点赞量最高，分析为什么在这个时间段内用户的点赞量最高，找到用户被触动的"点"。在制作短视频的时候，尽可能地展现出这些"点"，从而吸引用户为你点赞。对于新手来说，如果前期无法精确地定位，可以从前面讲过的"用户的 5 个心理"着手。大部分人都有这五种心理，所以从这五种心理着手具有一定的普适性。

3. 收藏量

收藏量反映的是用户观看完短视频后，将其放入自己收藏夹的数量。通常来说，只有用户觉得短视频的内容有一定的价值，他才会收藏这条短视频。如果用户觉得短视频有趣，他可能会点赞，也可能会转发给朋友；如果用户对短视频的话题感兴趣，他可能会在评论区评论。不过，在这两种情况下，用户可能都不会选择收藏。只有当用户觉得短视频有一定的价值时，用户才会选择把它收藏起来，便于以后多次观看它。想想看，你收藏短视频的动机是不是也是出于它有一定的价值，担心以后再看它的时候找不到它了。所以，要想提高短视频的收藏量，你的短视频里必须有"干货"。当然了，并不是所有赛道的短视频都需要有"干货"，有些赛道，比如生活记录类、搞笑类赛道的短视频，其重心不在"干货"上，生活记录类在于真实，搞笑类在于笑点。如果你的短视频在这些赛道，相较于其他基础数据而言，收藏量的重要程度就没那么高了。如果你是在技能、知识等赛道，就需要重视一下收藏量了，如果收藏量低，说明你的短视频"干货"太少了，或者说你呈现知识和技能的方式不对，没有让用户看到收藏的价值。总之，收藏量这项基础数据是比较特殊的，还需要结合你所在的赛道去进行深入的分析。

4. 评论量

评论量是最能反映短视频互动率的一项数据，它也是这五项基础数据中最重要的一项。评论量高的短视频，平台一定会加大流量的推送。当然，如果遇到违规刷评论的情况（就是花钱雇水军给自己的短视频进行评论），平台会停止推流，甚至下架该条短视频，严重的还可能会做封号处理。所以，一定不能违规刷评论。还有一种情况，就是评论区全都是差评。短视频的评论量不会给你区分开哪些是好评，哪些是差评，只要有评论，全部都会算到数据里。如果差评非常多，评论区乌烟瘴气，平台发现了之后，可能会判定你的短视频有问题，会停止推流，甚至下架该条短视频。所以，在做短视频时，不能为了提高评论量做一些有可能违规的事情，比如故意在短视频中制造用户的矛盾，恶意引导用户在评论区吵架。当然，不是说有争议性的内容不能做，这些内容确实有助于提高评论量，但要注意积极地引导用户，让评论区的讨论更加和谐，而不是乌烟瘴气的。

讲完了注意点，讲几点有助于增加短视频评论量的方法。

第一，聚焦一些当前比较热点的话题。前面说过，热点自带流量，同时，它也自带讨论度。需要注意的是，热点刚出来的时候，可能也会有较大的争议性，博主要注意对用户的引导。

第二，制作一些参与性较强的内容。如果话题的参与性较强，也更容易吸引用户参与讨论。

第三，制作一些有槽点的内容，吸引用户吐槽。当代年轻人喜欢以吐槽的方式评论一些人或者事，如果你的用户中年轻群体较多，可以适当增加一些有槽点的内容，让他们在评论区尽情地吐槽。

无论采用哪种方法，博主都应该参与到与用户的互动中，针对用户的评论给予回应。如果评论区的评论很多，没办法一一回应，可以在评论区简要说明情况，并感谢大家的评论。此外，博主要关注评论区的意见，这些意见对于改进短视频的质量也很有帮助。

5. 转发量

转发是短视频传播的一个重要途径，转发得越多，你的短视频就可能被越多人看到，各项数据就可能会更好。用户为什么会转发短视频呢？概括起来，大致有以下三种情况：

第一，短视频中的观点和用户的观点相吻合，用户把你的短视频转发给别人的目的，就是想让你充当他的"嘴替"，替他去表达观点。

第二，你的短视频有一定的价值，而且用户会觉得，你的短视频对他的朋友可能也会有一定的价值，所以才会转发给朋友。

第三，你的短视频很有趣，用户转发给朋友，就是为了分享快乐，让朋友看到短视频后，也能够哈哈大笑。

针对这三种情况，我主要讲一下第一种情况。要想和用户的观点吻合，前提是你要有自己的观点。有时候，我们为了迎合大多数的用户，在讲观点的时候，容易站在中立的角度，既同意这个观点，也同意那个观点。这样不是不对，只不过中间的度很难把握，尤其对于新手来说，讲不好了，很容易让用户觉得你是一个墙头草。所以，如果你的短视频转发量很少，同时其他数据也不好，你需要明确自己的观点，并坚定自己的立场。这样，可以获得与你观点相同的用户的支持，他们可能会转发你的短视频，让你的短视频传播开来，从而收获更多的流量。

为什么后面两种情况我不讲了呢，因为后两种情况和前面的几项基础数据有交叉。比如，第二种情况和收藏这项数据有交叉，第三种情况和点赞这种情况有交叉。当然了，其实严格来说，各项数据都是有交叉的，但各项数据也都有其特殊的地方，它所反映的情况也不是其他数据能够反映出来的。所以，我们在分析这五项基础数据的时候，既要整体性地进行分析，也要对每一项数据单独进行分析，然后结合自己的需要，对后续的短视频进行优化。

复盘必看的五项重要指标

在看完播放量、点赞量、收藏量、评论量和转发量几项基本数据后，还需要再看以下五项非常重要的指标。

复盘的五个重要指标

1. 完播率

什么是完播率，顾名思义，就是完整看完视频人数的占比，用公式来表示就是：

$$完播率 = 完整看完视频人数 / 视频播放量$$

完播率影响着什么？它影响着平台对你视频的推荐力度。完播率越高，平台推荐你短视频的力度越大，你的短视频就越容易上热门。所以，在复盘的时候，一定要看自己短视频的完播率，如果完播率低，说明你的短视频不能留住用户，这时可以去后台观看数据，看看从哪一秒开始，数据快速下滑。短视频一般都是比较短的，所以它的留人能力需要精确到每一秒，多一秒没意义的内容，留人率就会降低一些。所以，一定要逐秒进行分析，找到问题所在，然后进行优化，提高完播率。

在完播率这个概念里，还有一些更加细分的概念，如 3 秒完播率、5 秒完播率等。其实，无论是 3 秒还是 5 秒，讲的都是短视频的开头，即怎么在短视频的开头抓住用户的眼睛，让用户停留 3 ～ 5 秒，而不是一下就划走。所以，如何设计短视频的开头非常关键。在下一章，我会详细介绍如何设计短视频的开头，在这里暂时按下不表。

2. 互动率

互动率是点赞人数、评论人数、收藏人数、转发人数总和的占比，用公式来表示就是：

（点赞人数 + 评论人数 + 收藏人数 + 转发人数）/ 视频播放量

你的视频能否获得平台更多的推荐，能否上热门，互动率是第二个关键因素。另外，互动率也可以反映用户黏性，如果互动率低，说明用户黏性也低，这样的用户可能今天关注你了，过两天可能又取消关注了，而且黏性低了也不利于后期的变现。因此，复盘的时候，如果互动率低，一定要逐点进行分析，为什么点赞人数少，为什么评论人数少，为什么收藏人数少，为什么转发人数少，然后分别制定对策。

3. 赞播比

赞播比就是短视频点赞量与播放量的比值，如果用公式表示就是：

赞播比 = 点赞量 / 视频播放量

赞播比有两个评价标准——0.03 和 0.2。如果复盘的时候，发现你的短视频赞播比低于 0.03，说明这期视频的质量很差，此时，你就要反思，这期视频究竟在哪里出了问题。如果复盘的时候，发现某个视频的赞播比大于 0.2，说明这个视频比较受用户的喜欢，可将这期视频作为一个范本，总结哪些地方做得比较好。

4. 涨粉率

涨粉率代表着你的短视频账号的成长速度，计算公式为：

涨粉率 =（新增粉丝数 / 前一日粉丝数）×100%

复盘的时候，如果发现涨粉率变低了，且是持续性的，一定要去分析哪里出了问题，是视频内容质量降低了，还是推广方式出问题了，抑或互动没到位，找到问题后，及时做出调整。

5. 粉占比

粉占比是指你的视频播放量里粉丝观看数量的占比，如果用公式表示就是：

$$粉占比 = 粉丝观看数 / 视频播放量$$

如果粉占比很大，甚至超过 0.9，说明你的视频观看人群基本锁定在粉丝圈，路人圈里观看你视频的很少，这会导致一个问题，就是你的视频很难吸引到新的粉丝，账号很难再有突破，这时，就需要想办法破圈，让自己的视频被更多人看到。

这些工具可以助你复盘

账号运营初期，可以按照上述讲到的几项数据和几项指标对账号进行复盘，这些数据和指标不难获得，也不难计算，人工便可以完成。当然了，得到的也只是一个大体结论，如果想要更加细致的数据，做更加细致的复盘优化，可以借助一些专业的数据分析工具。

下面，我给大家推荐两款数据分析工具。

1. 飞瓜数据

飞瓜数据是一款"短视频和直播电商"服务工具，功能很齐全，包括热门素材查找、数据监测、直播分析、电商分析等。借助这个工具，你可以看到每天、每周、每月的不同"赛道"的热门短视频，同时还可以通过热词搜索找到你想要了解的短视频内容。如果在账号运营前期，你不知道如何选择背景音乐，也可以使用这款工具，帮你分析哪些背景音乐的热度较高。飞瓜数据有"抖音版""快手版""B 站版"三个版本，运营这三个平台的账号，都可以使用这款工具。

飞瓜数据有免费版和付费版，免费版包含很多基础功能，账号运营前期，如果资金有限，可以使用免费版，后期有需要了再付费解锁更多功能。

2. 抖大大

抖大大是抖音推出的一款专业数据分析工具，用户借助该工具可以比较轻松地完成抖音账号的数据分析，同时，还可以了解抖音热榜趋势，然后根据趋势去创作短视频。除了能够详细地对你的账号进行分析外，抖大大还提供了账号对比功能，你可以把你的账号和一些优质账号进行对比，找到自己和他们之间的差距，然后结合自己的特色优化账号。

复盘的周期可以自己设定，一般情况下，每天都要复盘，或者每个视频都要复盘，在此基础上，分别设定一周、一月、三月、半年、一年五个复盘周期，当复盘周期为一月及以上时间时，复盘的时候，不仅要关注自己的账号数据，也要关注同行的账号数据，从他们身上去学习和借鉴一些东西。

营销引流：
酒香也怕巷子深

小林是一位年轻的短视频创作者，他拥有饱满的创作热情，而且对于短视频的内容，总是精益求精。虽然小林的短视频质量很好，但无论是播放量，还是粉丝人数，都不是十分理想，这让他感到非常挫败。

一天，小林遇到了一位粉丝数很多的博主，他向博主请教了自己的问题，博主告诉他，在运营短视频的前期，可以适度地运用一些引流的技巧，吸引用户点进你的短视频。其实，小林也知道应该做一些引流的设计，但他内心深处觉得这样做是投机取巧的行为。博主告诉他，只要短视频的内容足够优质，不是标题党，不是为了蹭热点而蹭热点，就不是投机取巧，而是一种正当的竞争手段。

听了博主的话，小林顿感醍醐灌顶。如今，在各个短视频平台，充斥着大量的标题党、蹭热点的内容，自己一直坚持自我的目的就是想着用自己的一份力量，尽可能地净化网络风气，让更多用户看到优质的内容。可是，如果自己的内容根本不能被用户看到，那自己的坚持还有什么意义呢。而且，只要自己不是为了引流而引流，那就不算违背初心。

受到启发的小林决定采取行动。小林开始深入研究如何有效地为自己的短视频引流。他尝试了很多方法，包括设计短视频的封面、精心创作短视频的标题文案、在评论区里和用户互动等。通过不断地试验和调整，小林发现他的短视频的播放量有了明显的提升，评论区的互动也变得更加热烈，粉丝数也有了一定的增长。

看到自己的努力终于得到了回报，小林感到非常开心和满足。他意识到，要想在短视频平台上获得成功，不仅需要创作出有趣、有创意的内容，还需要在引流方面下一些功夫。这样，才能吸引用户观看你的内容，然后凭借优质的内容抓住用户，把他们转化为你的粉丝。当粉丝数量有了一定的积累后，短视频营销也就更容易实现了。

人设：让你更具吸引力

什么是人设？简单理解，就是人物设定。以我们熟悉的《西游记》为例，孙悟空的人设是嫉恶如仇，这个人设是怎么来的呢？不是我们给他定义的，而是剧情打造出来的。短视频也是同样的道理，博主的人设是靠短视频的内容（包括剧情、人物性格、人物服饰等）打造出来的。当博主形成比较鲜明的人设，而且拥有一批稳定的粉丝后，这个人设便成了颇具影响力的IP，此时，人设便可以带动内容，即这个博主拍什么短视频，大多数粉丝们都会看。

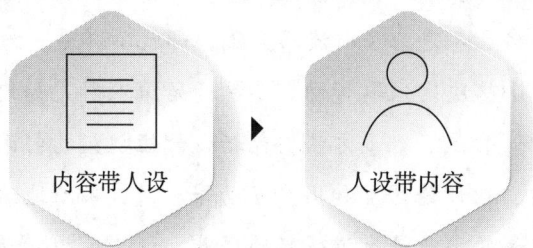

内容带人设 ▶ 人设带内容

就短视频博主的人设而言，有内在人设和外在人设之分。内在人设就是博主的三观。有时为了吸睛，博主可以发表一些特立独行的言论，但三观一定要正，内在人设一定要"支棱起来"。

比如，抖音博主"麻辣德子"营造的内在人设是感恩。作为一个美食博主，在他短视频的最后，即做完一道菜后，他都会对着镜头鞠躬，然后说"谢谢大家""感谢大家"之类的话。时间一长，感恩的人设也就慢慢建立起来了。

什么是外在人设呢？简单来说，就是用户能够直接看到的部分，包括博主的身份、外在形象和性格。外在人设没有统一的标准，只要适合自己、便于账号的发展即可。

同样以"麻辣德子"为例，他的身份是丈夫、厨子，外在形象憨态可掬，性格敦厚，这些交织在一起，构成了他的外在人设：一个性格敦厚、憨态可掬的每天给媳妇做美食的好丈夫。这个外在人设和他的内在人设相辅相成，帮他赢得了很多粉丝的信任。

既然人设非常重要，那我们该如何打造属于我们自己的人设呢？根据内在人设和外在认识的要点，我们可以将人设打造分成由内而外的四步，如下图所示。

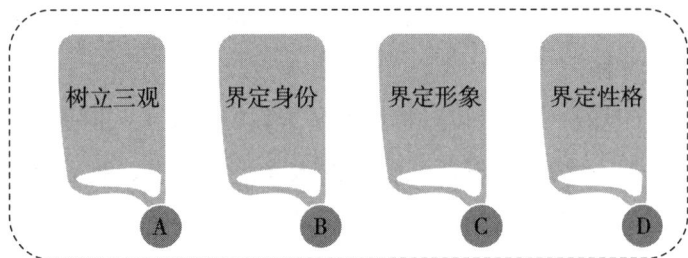

树立三观	界定身份	界定形象	界定性格
A	B	C	D

打造人设的步骤

第一步：树立三观

树立三观是博主打造自己人设的第一步。前面也说到，三观一定要正，如果三观不正，不仅平台会制裁，用户也不会接受，一切努力就白费了。另外，三观不能太小众化，这属于剑走偏锋的做法，虽然有时可以收到意想不到的效果，但风险也很大，所以一定要谨慎考虑。

第二步：界定身份

树立了三观之后（也就是内在人设打造完之后），便可以由内及外，打造外在人设了。首先，要固定身份。做短视频，可以选择的身份有很多，而且从不同的维度来看，身份可以是不同的。比如，"麻辣德子"既是一个丈夫，也是一个厨子。所以说，选择什么身份不重要，重要的是，你要界定你的身份，不要一直转换身份，同时，身份和内容要匹配。

第三步：界定形象

界定好身份后，便可以界定形象了。形象是最直观的，是用户感知最明显的，所以在界定你的形象之前，还需要考虑你的目标受众，这样更容易吸引他们。当然了，你也可以呈现最真实的一面，但以怎样的形式呈现，还需要结合你的内容去把控。

第四步：界定性格

最后一步是界定性格。你可以呈现你最真实的性格，也可以根据你塑造的形象去界定性格。一般来说，性格界定有两种方式，一种是和形象匹配，另一种是和形象形成反差。比如，"麻辣德子"敦厚的性格和他憨态可掬的形象非常匹配，而抖音博主"铁骨增增"可爱的形象和她"很爷们"的性格形成了强烈的反差。

通过上述四步，你就可以打造出专属于你的人设了，但这些还不够，你还需要设计一些记忆点，不断强化你的人设。在这里，我们介绍五个记忆点，只要掌握好这五个记忆点，便可以帮你更快强化自己的人设，让用户对你过目不忘。

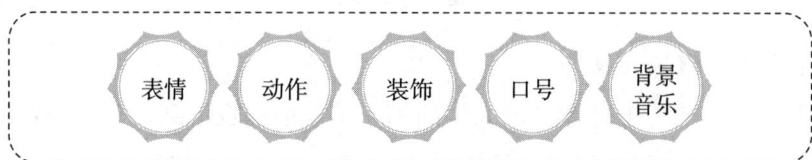

强化人设的五个记忆点

1. 表情

表情是最能抓住用户眼睛的一个记忆点，所以如果博主天生就具有比较有吸引力的表情，可以把他充分利用起来，使他成为一个强化人设的记忆点。比如，有些人的笑容非常治愈，那么就可以把他的笑容作为一个记忆点，账号定位也可以偏向于"治愈""温暖"一类的。当然，大部分人都没有这个天赋，所以第二条路——制造具有记忆点的表情，更适合大家。在制作具有记忆点的表情时，要结合短视频的内容，不能显得很突兀，这样反而起到反面作用。另外，表情一定要自然，不能矫揉造作，否则同样会起到反面作用。

2. 动作

动作，尤其是一些幅度较大的动作，能够引起用户的注意，形成记忆点。例如，B 站 up 主"真子日记"在短视频的结尾，都会举着一个鸡毛掸子，面目狰狞地大声喊着"三连呐，我要的三连呐"，然后恶狠狠地冲上楼梯。这个动作和她短视频中的营造的"蛮横"人设非常匹配，起到了很好的强化作用。

3. 装饰

在抖音博主"手工耿"的视频中，手工耿经常穿着一条蓝色的背带裤制作手工，这条背带裤是他的"工作服"，强化了他"手工达人"的人设。像背带裤这样穿戴在博主身上的物品都属于装饰的范畴，运用得当，也可以起到强化人设的作用。

4. 口号

表情、动作、装饰，这三个都是通过视觉去打造记忆点，口号则是通过听觉去打造记忆点。比如，"papi 酱"在她的短视频中，经常会说"我是 papi 酱，一个集美貌与才华于一身的女子"，这个就是她的口号，用户听得多了，便记住了他的这个人设。再比如，很多人都听过的"奥利给"这个口号，这是"奥利给大叔"在短视频中经常喊的口号，每次喊口号的时候，奥利给大叔都激情满满，伴随着口号的喊出，他的"正能量"也传播了出来。

5. 背景音乐

在听觉上，除了口号外，背景音乐也是强化人设的一个记忆点。很多时候，短视频都需要背景音乐去强化情绪，有时为了获得更多的流量，还会选择当下最热点的背景音乐，这些都属于正常操作，在此基础上，我们可以选择一个固定的背景音乐，大部分的短视频都使用这个背景音乐，以此来营造一个记忆点。比如，抖音博主"冷少"的短视频是以"王家卫风"为底色，然后融入无厘头的搞笑元素，他短视频中经常使用的一个背景音乐是《沉浮兄弟》，这首歌曲和他的短视频风格非常匹配，很好地强化了他无厘头搞笑的人设。

主页：这样设计才加分

以抖音为例，在我们刷短视频的时候，屏幕右侧中间位置，有一个圆形图标，点击这个图标，便可以进入博主的主页。

在主页，可以看到博主的昵称、头像、背景墙、账号简介以及之前发布过的几条视频的封面。

一般来说，用户点进博主的首页，说明博主的短视频吸引了他，用户想要进一步了解博主，才点了进来。此时，能不能完全吸引用户，让他关注你，首页的设计发挥着重要作用。那么，该如何设计主页呢？

主页中有五个重要元素：昵称、头像、背景墙、账号简介以及之前发布过的几条短视频的封面。接下来，我们逐一进行探讨。

昵称

昵称和我们的名字一样，是我们账号的代名词，提到这个昵称，用户第一时间想到的就是你，这样，你的 IP 才算成功。起昵称时，可以和我们账号要做的内容关联起来，用户在主页看到你的昵称，便知道你的账号是做什么的，如果用户在这一领域有需求，就会勾起他进一步了解你的欲望，如果你的其他视频也能够吸引他，那么他关注你的概率就会大大提高。比如，"***讲情感""***说车"，一看到这些名字，很明显就知道这个账号是做什么的。在关联账号的时候，还可以圈定受众（如铲屎官俱乐部）、还原场景（如路上听书）、融入数字（如 30 秒说车）等。另外，还可以用自己真实的名字，或者取一个听起来好听的假名字。这样的昵称虽然不如前面几种昵称直观，但更便于建立个人的人设，也更便于形成个人 IP。

头像

昵称的旁边就是头像，这个头像也会显现在视频观看页（点击进入主页的那个圆形图标就是头像），用户点击的时候，视线会聚焦在头像上，它会先主页一步给用户一个浅浅的印象。头像的选择，和昵称的设计思路一样，可以和账号关联起来（比如，说车的账号，可以选择和车相关的图片作为头像），也可以是博主本人（为了更有效地形成个人 IP，可以对照片做 PS 处理）。无论选哪种，有一点非常重要，就是要和昵称联动起来，形成聚集效应。另外，头像也要有一定的辨识度，要和别人的区分开来，形成自己独特的风格。

背景墙

背景墙在主页的占比不算小，基本占满了手机屏幕的顶部。占比大，显眼，就决定了它的作用不会小。第一，背景墙可以起到强化人设的作用。比如，抖音博主"北大强哥"的背景墙是北京大学的牌匾，可以起到强化他北京大学毕业的人设。第二，借助背景墙，输出价值观，以此筛选出和你同频的用户，并吸引他们关注你。比如，抖音博主"董十一"的背景墙上有"不要满足所有人"七个字，这就是他要输出的价值观，吸引的自然也是拥有同样价值观的用户。第三，给私域引流。当你的账号有了一定的粉丝基础后，便不能只局限在短视频账号上，要把他们引向自己的私域，这样更便于维护自己的粉丝。比如，抖音博主"夏鹏"的背景墙上有"首页加入粉丝群，赠送价值 199 元 6 节中文书精读方法论录播课"的文字，就是在做私域引流。第四，打广告。背景墙非常显眼，是一个天然的广告位，当你有了一定的粉丝基础后，可以在这个位置打广告。背景墙的这几个作用同时也是背景墙设计的思路，在不同的阶段，可以结合账号显眼，设计不同的背景墙。

账号简介

简介，顾名思义，就是用最简单的话介绍自己。简介可以帮助用户更准确地了解你的账号定位。比如，抖音博主"手工～耿"的账号简介只有"喜欢手工制作"几个字。看到他的昵称，基本可以断定他的账号定位——手工制作，再看到他的账号简介后，"手工制作"的定位完全可以确定了。

以前发布过的短视频封面

在主页的下方，是你曾经发布的几条短视频的封面，上述提到的四个要素给用户呈现的印象比较直观，但不够具体，所以，很多时候，用户还会选择看几条短视频，才会决定是否关注你。为了给用户带去良好的感官，短视频封面的风格尽可能统一，同时简洁明了。另外，可以把自己认为质量较高且互动率较高的几个短视频置顶，这样更容易吸引用户。

我们常说"始于颜值，陷于才华，忠于人品"，用在短视频上，这个"颜值"就是你的账号主页，要让用户第一眼就对你的账号产生好感，在此基础上，再用优质的内容抓住他，让他最终"沦陷"在你的账号里。

封面：一秒抓住用户眼睛

用户在浏览短视频平台首页或账号主页时，看到的是短视频的封面（大部分短视频平台是这种形式，有些短视频平台的首页展现的不是短视频的封面，而是直接展示内容），如果你的封面能够抓住用户的眼睛，用户点击观看你视频的概率就越大。

短视频封面一般由文字、背景和装饰三个要素组成。以下面这个短视频的封面为例，"81 建军节""筑铁血军魂，谱时代赞歌""中国人民解放军建军 96 周年"属于文字要素；浅蓝色和白色的图画部分属于背景要素；两个五角星和五架飞机属于装饰要素。

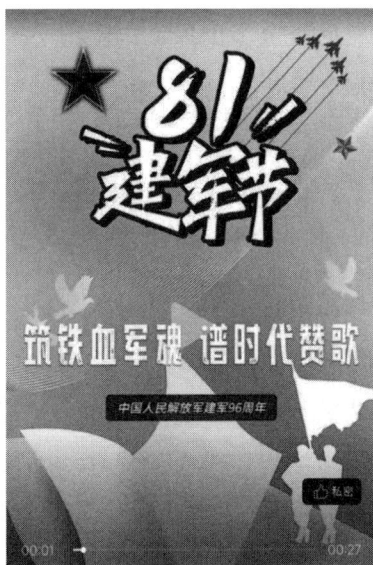

"81 建军节"短视频封面

这些要素呈现出的信息可分为三个层级：

一级信息：主要信息，目的是吸引眼球。

二级信息：次要信息，目的是增强用户的点击欲望。

三级信息：其他信息，目的是丰富封面这个画面，使它更具美感。

同样以"81 建军节"短视频封面为例，一级信息是"81 建军节"几个大字，非常醒目，一下就能抓住用户的眼球；二级信息是"筑铁血军魂，谱时代赞歌"与"中国人民解放军建军 96 周年"两行字，字体略小，但呈现的信息更多；除了这两个信息外的其他信息都属于三级信息。

对短视频封面有了清晰的认识后，接下来要解决的就是如何设计短视频封面，才能更有效地抓住用户眼睛呢？下面五个方法可供参考。

对比法

用文字和图片呈现出对比信息，用户只要看到封面，就可以直观看到对比效果。该方法适用于美妆、健身、减肥、穿搭等领域。比如，你要做一个美妆类的短视频，封面的左右或者上下可以放上两张化妆前后的对比照，并写上显眼的文字，如"如果你学会化妆"。用户一看，就知道你在教学如何化妆，且化妆后的效果非常明显，此时有化妆需要的女性用户便有可能点进去观看你的短视频。

文字突显法

前面讲到，短视频封面包含文字、背景、装饰三个要素，一般情况下，文字要素在封面中所占的比例不大，主要起提示关键信息的作用，但在文字突显法中，文字要突显出来，占整个封面的大部分。相对而言，这种封面的美感略差，主要靠文字吸引用户，所以如何设计标题文案就显得非常重要。在后面，我会详细论述如何去创作标题文案，在这里就不做赘述了。这时你是否会有疑问，既然没有美感，为什么还要设计这样的短视频封面呢？因为对于方法论分享、教程分享等领域的短视频，封面就是要能够突显出它的"干货"，以此来吸引用户，显然，图片无法将这些"干货"呈现出来，而精炼后的文字可以。

拼图法

在旅行攻略、美食、好物盘点等领域的短视频中，我们经常能够看到由一张张（通常是9张，按照9宫格排列，一格放一张图片）图片拼起来的封面，这种拼图制成短视频封面的方法便是拼图法。大家看旅行攻略、美食、好物盘点等领域的短视频时，需求点是快速获得有效的信息，通过拼图法得到的短视频封面，主题清晰，信息量大，用户可以一目了然地判断该短视频是否能够提供给自己需要的信息。如果答案为"是"，用户大概率会观看你的短视频。

个人品牌法

个人品牌法就是用自己的照片作为短视频封面的背景，这种短视频封面设计方法的核心是打造个人 IP，所以人物一定要出现在短视频内容中，而且封面的设计风格一定要和人物的人设相符。在前期，你没有多少粉丝，你的封面也不会吸引太多人，但当你做出一定影响力后，这样的封面会持续提高你个人 IP 的影响力。当然了，文字也是不可或缺的，你要通过文字精准地呈现出"干货"或者用户"痛点"，这样，用户才可能会观看一个不熟悉的博主的短视频。

信息罗列法

这种方法就是在短视频封面上罗列出很多的信息。在读书推荐、影视剧推荐、工具分享、知识分享等领域可以使用该方法，突出的，就是一个实用。由于罗列的信息很多，所以一定要注意排版，信息的罗列要非常工整，不能乱七八糟，否则用户根本就不知道你要讲什么，直接划走的概率会很大。

上述五种方法，无论使用哪种方法，有两点要注意的地方。第一，短视频封面的风格要统一，这一点，我们前面将账号主页设计的时候讲到了，统一的风格可以使你的主页更加规整，给用户一种"干净清爽"的感觉。第二，封面内容和短视频内容要统一，不能"挂羊头卖狗肉"。

短视频标题文案的 4 个创作手法

好的标题有时能够点石成金，即便短视频本身没什么内容，但却能够带来极大的关注和讨论。

在抖音上，有一个短视频，只有 7 秒，内容就是一只猫在房顶在慢悠悠地跑着，后面是夕阳西下，场面的确很温馨，但也没有很惊艳，而且运镜、转场什么都没有。就是这样一个普普通通的短视频，却获得了七百多万的点赞量，三十多万的评论和一百多万的转发。

为什么这个短视频这么火？标题起了非常大的作用。

《慢慢走，沿途有风景，背后有阳关》，这是这个短视频的标题。在看完短视频后，你会发现，咦，这不说的就是这只猫嘛，它在房顶上慢慢地走着，沿途是一些古建筑，背后是将要落下山的太阳。但它说的又不只是猫，我们每个人又何尝不应该这样，在快节奏的生活里，有时需要放慢我们的脚步，欣赏下路途上的风景，并且相信未来一定的美好的。

一个标题，配合视频的场景，引起了用户的共鸣和思考。如果视频标题取成"一只向我跑来的猫"，不敢说这个视频会石沉大海，但一定不会获得如此高的关注度。

既然标题这么重要，那么在这里，我给各位创作者提供 4 个短视频标题文案创作手法，希望能够给你们带来创作灵感。

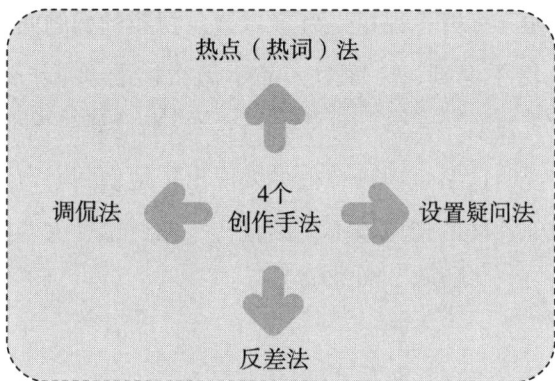

短视频标题文案的 4 个创作手法

热点（热词）法

在创作标题文案的时候，可以借助近期社会上的一些热点或者热词，这一创作方法与前面我们提到的找自带流量选题的思路是一样的，都是借助热点获取流量。

比如，2023 年 1 月，电视剧《狂飙》播出，凭借紧凑的剧情和演员们精湛的演技，电视剧播出之后迅速走红。此时，只要短视频的标题文案中带有"狂飙"两个字，都会带来一些流量。抖音博主"Andy yang"只是从《狂笑》电视剧中截取了两个镜头，然后配上了"这部剧到这里就结束了吧""狂飙为什么受伤的总是安欣"这两个标题文案，点赞量竟高达十几万，评论也将近一万，对于一个只有一千多粉丝的博主来说，这个点赞量和评论量可以说是非常高了。

设置疑问法

设置疑问法就是在标题文案中提出一个疑问，然后在视频内容中将这个疑问回答出来。设置疑问可以调动观众的好奇心，同时还能带动评论区互动，增加视频互动率。

比如，抖音博主"聚心锅"的一条短视频"遇到这样的亲戚该不该翻脸？"点赞量有四十多万，评论三万多。这条视频的标题问出的问题，估计很多人在现实生活中遇到过，面对人品不怎么样的亲戚，到底该不该翻脸呢？短视频给出了答案——翻，同时抛出了"以后这样的人少来往"的观点。点赞量这么高，说明这条短视频替很多人说出了他们的心声，而评论区里也是各种针对"遇到这样的亲戚该不该翻脸？"的讨论，大多数的评论都是支持博主的观点（引起了情感上的共鸣）。

反差法

写标题文案的时候，让标题和短视频内容形成反差，这样可以使短视频起到更好的效果。

比如，B站up主"显眼宝"给自己贴的标签是"超级大社恐"，但看过她的视频后你就会发现，虽然她在短视频中表现得唯唯诺诺，但唯唯诺诺的背后，是"人狠话不多"，所以，她的"超级大社恐"真正的意思是"只要她出现的社会场所，别人都会恐惧"。除了标签外，他的短视频标题也会增强这种反差感。例如，有一条短视频的标题是"我从小就听表舅三姑母侄子二姨堂姐的话"（点赞五十多万，评论五千多，转发一万多），看完短视频的内容后发现，表面上up主确实很听话，但其实说的每句话都气得她亲戚"吐血"（看完后很爽，因为这个亲戚的人品也不咋样，处处挑刺，对up主指指点点）。如果标题起"看我如何反击表舅三姑母侄子二姨堂姐"，反差感便弱化了，视频效果也会变差。

调侃法

调侃法就是创作标题文案的时候，加一些调侃性的内容。在搞笑类短视频中，这个方法比较常见，让用户一看见标题就想笑，然后就有了点进去观看视频的欲望。

比如，B站up主"知了解压萌物"给自己写的简介是"分享解压有趣的自然故事，非严肃科普，只能当个热闹看"。从简介可以知道，这个账号严格意义上来说，并非科普号，虽然带有一定的科普性质，但更多的是讲述自然界中有趣的动物故事，核心是一个"趣"字，然后通过"趣"，让用户"解压"。为了增强短视频的趣味性，up 主在短视频的标题上下了很多心思，很多都采用了调侃的方式，如"伤敌一千，自损一千"（讲的是一只雪豹为了抓捕猎物，自己跌落悬崖的故事，虽然雪豹活了下来，但付出的代价很大，所以标题调侃为"自损一千"）"不能力敌，那就偷袭"（讲的是一群小浣熊，趁着鳄鱼下水的工夫，把它产的蛋全部偷吃了）"鼠道难"（讲的是松鼠获取食物的道路很难，以谐音梗的方式借用《蜀道难》，取标题为"鼠道难"）。

讲完了具体的创作方法，最后我们再补充 6 个创作标题的万能模板，当你没有创作灵感的时候，可以套用这 6 个模板。

模板一：*** 个你不知道的 *** 内幕。

所属类型：揭秘型，用大部分人都不知道的内幕，勾起用户的好奇心。

举例：5 个你不知道的职场内幕。

模板二：一起来看看 *** 有多爽。

所属类型：共鸣型。通过一些让用户爽的事，引起用户情感上的共鸣。

举例：一起来看看 *** 手撕渣男有多爽。

模板三：每天 ***（做的事情）*** 分钟和 ***（做的事情）*** 分钟的区别，看完 ***（做的事情）。

所属类型：数字型。数字更加直观，用户敏感度更高，通过对比的方式，可以造成冲突，引起话题。

举例：每天运动 5 分钟和运动 30 分钟的区别，看完我穿上了运动鞋。

模板四：***（某个名人）强烈推荐，一起来看看值不值。

所属类型：背书型。利用名人自带的流量吸引用户，注意违禁词。

举例：李佳琦强烈推荐的口红，一起来看看效果怎么样。

模板五：不会 ***，会 ***（一般是负面结果）。

所属类型：紧迫型。制造紧迫感，用户为了避免负面的结果，选择看的概率会增大。

举例：做短视频，不会这 4 种玩法，流量擦肩而过。

模板六：*** 招帮你提高 ***，每招只需 5 秒，轻松掌握。

所属类型：预期型。直接说明 *** 的好处，并用数字直观说明一些内容。

举例：4 招帮你提高短视频播放量，每招只需 5 秒，轻松掌握。

需要注意的是，模板不是固定不变的，只是给创作者提供思路罢了，所以可以结合自己的选题，对模板进行调整，创作出最符合短视频内容的标题文案。还有一点，标题只是吸引用户的一个手段，要留住用户，将用户转化为粉丝，还是要靠优质的内容。

引人点击的 10 种精彩开头

前面我们讲"制作内容的几个万能公式"时，提到了"黄金 3 秒"的概念，那么，该如何抓住这"黄金 3 秒"，制作出引人点击的精彩开头呢。在这里，我们分享 10 种更容易引人点击的精彩开头。注意，开头和标题文案在设计思路有相似之处，有时可以相互借鉴。

第一种：好奇类开头

每个人都有好奇心，我们可以利用人的好奇心，设计开头，吸引用户停留下来观看我们的短视频。

下面三个公式可以作为参考：

公式一：*** 是一种什么样的体验。

举例：有一个大方的朋友是什么体验呢？

公式二：如何不 ***，也能 ***。

举例：如何不运动，也可以有效减肥呢？

公式三：*** 到底 ***。

举例：*** 幼儿园的伙食到底有多好呢？

第二种：借势类开头

任何能够带来流量的"势"都可以借，如热点、名人，这些都可以吸引用户停留下来观看我们的短视频。

下面三个公式可以作为参考：

公式一：*** 大火的时候，我更关心 ***。

举例：淄博旅游火起来的时候，我更关心别的城市的反应。

公式二：*** 曾经被某人 ***，如今却 ***。

举例：小黄车（最早推出的共享单车的一个品牌）曾经被很多人看好，如今连用户的押金都退不出来。

公式三：某名人都在用的 ***。

举例：*** 都在看的 5 本书，看过其中一本，就很厉害了。

第三种：数据类开头

数据呈现出来的信息非常直观，通过在开头插入数据，可以让用户直观地感受到你的观点，吸引他继续观看。

下面两个公式可以作为参考：

公式一：从 ***（数据）到 ***（数据）。

举例：从负债 50 万，到人生的第一个 100 万，只因为我做了一个正确的决定。

公式二：每天 * 个动作，改善肩颈酸痛。

举例：每天 3 个小动作，改善肩颈酸痛，还你活力人生。

第四种：极限类开头

极限类开头具有较强的吸引力，能够引起用户的重视，从而吸引用户继续观看短视频。注意，不要太过极端，导致夸大、虚假，这样容易丧失用户的信任。

下面三个公式可以作为参考：

公式一：最 ***。

举例：这是最值得取背景的 5 个景点。

公式二：99% 的人都不 ***。

举例：99% 的人都不知道的驱蚊小妙招。

公式三：一定 ***。

举例：去北京，一定要吃的 5 个小吃。

第五种：恐吓类开头

用恐吓类的开头，能够起到警示作用，引起用户的危机感，进而吸引用户继续观看短视频。

下面三个公式可以作为参考：

公式一：家里有 ***，一定要看完。

举例：家里有孩子的，一定要看完。

公式二：你以为 ***，其实 ***。

举例：你以为健康的习惯，其实在偷偷伤害你的身体。

公式三：*** 将 ***，抓紧 ***。

举例：人工智能将改变我们的生活，抓紧了解这些内容。

第六种：观点类开头

在短视频的开头直接说出你的观点，观点越吸引人，用户观看下去的概率越大。

下面两个公式可以作为参考：

公式一：我支持 ***。

举例：某某某北大毕业后，回老家养猪，每个人都在反对他，而我却很支持他的决定。

公式二：***，不一定 ***。

举例：能力最强的人，不一定就能成为团队的老大。

第七种：精准人群类开头

在短视频开头，直接点出这条短视频的指向人群，吸引该人群继续观看你的短视频。

下面这个公式可以作为参考：

公式：*** 的人 ***。

举例：想找好老公的女孩们看过来……

第八种：互动类开头

在短视频开头，抛出互动话题，不仅有助于吸引用户继续观看，还有助于提高互动率。

下面两个公式可以作为参考：

公式一：这样 ***，你们遇到过吗？

举例：这样奇葩的公司领导，你们遇到过吗？

公式二：*** 到底能不能 ***？

举例：生孩子后，女人到底能不能做全职太太呢？

第九种：痛点类开头

痛点能够戳痛用户，当用户看到一个戳中了他痛点的短视频时，观看的概率也就越高。通常情况下，戳得越痛，流量也越高。

下面两个公式可以作为参考：

公式一：为什么 ***，却 ***。

举例：为什么你明明已经很努力工作了，月薪还是不能过万。

公式二：如果不 ***，一定会 ***。

举例：如果你不知道这三个方法，一定会错过很多流量。

第十种：利益类开头

在短视频开头，直接说出用户怎样做，会有怎样的收获。有好处，用户继续观看的概率也会增大。

下面两个公式可以作为参考：

公式一：*** 太爽了，不仅 ***，而且 ***。

举例：戒掉吸烟的人生简直太爽了，不仅省下了一大笔开销，整个人也变得清爽了。

公式二：相信我，***，你 ***。

举例：相信我，读完这 10 本书，真的能帮你打开格局。

热点：借力获取大流量

有时候，我们制作的短视频非常优质，但得到的流量却很有限，这对于创作者和用户而言都是一件令人惋惜的事，所以，制作短视频时，我们要学会从热点借力，以撬动更大的流量。

热点分固定热点和突发热点两类，不同热点有不同的应对策略。

固定热点：定好时间日历

固定热点就是每年都会发生的热点事件，如节日（国庆、春节等）、高考、毕业季、奥运会等。对于我们来说，这些热点的时间是固定的，我们提前就知道了，只需要定好时间日历，到了特定的日子，结合自己的账号定位，选取相关的选题就行了。

在这里，我们大概总结一下一年时间里，都有哪些固定的热点，方便大家定好时间日历。

一月：元旦、除夕（年夜饭）、春晚、春节（拜年）等。

二月：开工（不想上班）、开学（不想上学）、元宵节（赏月、赏花灯、猜灯谜）、情人节等。

三月：妇女节、植树节（环保）、"3·15"晚会（被曝光的企业）。

四月：愚人节、自闭症日（4月2日）、清明节（祭扫）、西双版纳泼水节（当地人有三天假期）。

五月：劳动节、五四青年节（"五四运动"）、汶川大地震周年祭、母亲节、520/521（表白日）。

六月：儿童节、高考、毕业季、父亲节。

七月：建党节、香港回归庆祝日。

八月：建军节、七夕。

九月：开学季、中国抗日战争胜利纪念日（9月3日）、教师节、中秋节。

十月：国庆节、重阳节、国家老人日（关爱老人）、辛亥革命纪念日。

十一月：万圣节、感恩节。

十二月：南京大屠杀周年祭、平安夜、圣诞节、跨年。

突发热点：争分夺秒

突发热点，顾名思义，就是突然发生的热点事件，对于这样的热点，要记住四个字：争分夺秒。突然热点都具有时效性，趁人们的关注点都停留在热点上的时候，要迅速发布你的短视频。其实，平台也需要流量，尤其在各平台百花齐放的今天，平台竞争非常激烈，所以为了获得更多的用户关注，它们更喜欢推送和热点相关的内容，而你也更容易获得流量。

比如，2023年3月，淄博突然火了，无论是哪个短视频平台，只要是发和淄博相关的短视频，都会获得一定的流量，有些甚至只有几百、几千粉丝的博主，获得了几万的点赞。抖音博主"市民小毛"只有五千多粉丝，但他发布的"淄博不排队两日游"的短视频获得了3万多点赞，一万多转发，这个互动量，对于他的粉丝量而言，这个互动量可以说是非常高了。

如果我们没能抢占最佳时间，也不要放弃这个热点，可以从其他角度切入，讲大家都没有讲到的东西。另外，在追热点时，除了要从自己的账号定位出发，还要分析热点的受众，分析哪些用户会对这个热点感兴趣，创作内容的时候，向热点的受众有一定的倾斜，这样更容易发挥热点的效用。

讲了这么多，最后再补充一点，从哪里找热点呢？怎么样才能不错过突发热点呢？我们可以使用一些追热点的工具，如今日热榜、5118热点追踪、新榜等，有了这些工具的助力，你一定不会错过任何一个热点。

小技巧：参与（发起）挑战＋参与平台活动

"参与（发起）挑战＋参与平台活动"是吸引用户关注度的两个小技巧，如果能够掌握这两个小技巧，不仅可以更快速地涨粉，还可以提高粉丝黏性，促使他们成为你的"铁粉"。

参与（发起）挑战

参与（发起）挑战是抖音推出的一个玩法，无论是参与挑战，还是发起挑战，其核心就是引起关注，如果这个挑战的关注度高了，而且你的作品也非常有创意，便很可能收获流量和粉丝。

首先，我们先来说说如何参与挑战。

第一步：抖音首页搜索"参与话题挑战入口"。

第二步：点击"热门挑战"，选择你想参与的挑战。

第三步：点击加入挑战，拍摄或选择已经拍好的短视频即可完成挑战。

挑战赛检索页

在选择挑战赛时，应根据自己的账号定位（不能只看热度，如果参与的挑战赛和自己的账号定位不相关，最多只能带来流量，很难吸引粉丝关注，而且还容易扰乱我们的账号定位，从长远来说，得不偿失），选择热度高的挑战赛，这样才更容易带来流量。

说完了如何参与挑战，再讲讲如何发起挑战。发起挑战的方法也很简单。

第一步：抖音首页搜索"参与话题挑战入口"。

第二步：点击"发起挑战"，拍摄或选择提前拍好的视频，发布即可。

相比较而言，发起挑战的门槛更高一些，通常需要一定的粉丝基础，否则发出去的挑战很可能石沉大海。当我们有了一定的粉丝基础后，在发起挑战的时候，还可以设置一些奖励，增强和粉丝的互动性。另外，如果有产品要推广，还可以在挑战赛中植入产品信息，起到一举两得的效果。

参与平台活动

很多短视频平台会不定期推出一些助力博主成长的活动，如果博主的作品比较优质，就会获得平台的支持，从而获得更多的流量。因此，创作者们要多多关注各个短视频平台的活动，让平台助力我们成长。

例如，抖音平台在 2023 年的 9 月推出了"中秋国庆逛吃指南"的活动，活动共持续四周（9 月 11 日到 10 月 8 日），只要是旅行攻略、风景打卡、美食探店、国风赏月等和活动话题相关的短视频即可，如果账号定位恰好是这些方向的，可以参与这个活动。平台会根据播放量、点赞量、POI 的点击情况对短视频进行综合评估，优质短视频会获得平台的助推。另外，平台根据挑战者的粉丝数，分成了四个赛道，各个赛道选出 TOP20，给予优质的奖励。

单位：人

赛道	粉丝数	奖励
新锐榜	0～5 万	TOP1：奖励 1200Dou+
成长榜	5 万～10 万	TOP2～3：奖励 800Dou+ TOP4～10：奖励 500Dou+
人气榜	10 万～100 万	TOP11～20：奖励 200Dou+
影响力榜	＞100 万	（Dou+ 的作用概括来说就是可以助推你的短视频上热门，帮你涨粉）

再如，B 站在 2023 年推出了"鬼畜星探企划（第 13 期）"，从活动的名字也知道，目的是发掘更多的"鬼畜"（B 站非常受欢迎的一类短视频）UP主。对于这次活动，B 站提供了上亿的流量支持，优秀的作品会得到平台的

助推，还会得到编辑点对点的引导。另外，平台还提供了丰厚的奖金，最高可以获得 3 万元。有流量扶持，还有奖金拿，如果你在 B 站的定位是"鬼畜"，按照我们前面说到的方法，想几个好的创意，踊跃投稿吧。

▶ 评论区里的流量不容忽视

在刷短视频的时候，你有没有看评论区的习惯呢？有时候，一个短视频只有十几秒，停留在短视频上的时间也就那十几秒，但在评论区却可以停留几分钟，甚至十几分钟。

为什么会这样？

这是因为评论区里聚集了很多人，它在性质上很像一个社区，在这里，你可以和其他人聊天，可以相互讨论，尤其当你遇到和你观点相同的人时，会获得认同感。有时候，一个爆火的短视频下面，评论人数甚至多达几十万，所以说，评论区的流量同样很大，如果能够利用好评论区，也能够为你引流，进而收获更多的粉丝。

从你的评论区引流

首先要做的，就是从你的评论区引流。

例如，B 站 up 主"蚊子－学做美食"学做的美食不一定每次都能成功，如果这一期的美食失败了，他不会直接否定他参照的教程，而是会在评论区留下评论，和大家一起探讨，究竟是自己的问题，还是教程的问题，这样，不仅能使他的观点更加严谨，而且也增加了和粉丝的互动机会。

例如，在"只需要 3 颗鸡蛋就能做舒芙蕾？"这一条短视频中，up 主严格按照教程操作，但最后还是失败了，在留言区，up 主留言道："表面一层还行，里面就是带着蛋糕香味的甜泡沫，那口感简直了。我感觉我做的没啥问题吧，有没有做过的小伙伴，你们做出来的是不是这种情况？我想知道问题出在哪里？"

在这条留言的后面，网友们纷纷说出自己的看法：

"你没有把蛋清和蛋黄搅拌均匀"

"舒芙蕾这玩意很难一次就做好，每个人的烤箱脾气都不一样，一般时间和温度都有一定误差"

"你的鸡蛋是不是刚拿出来就加工了？让它恢复到室温好一点，混合体温度低，升温不足内部就难变性，简单说就是没熟。"

留言的回复很多，在这里我就不都列举出来了。

互动得多了，粉丝的黏性会越来越高，而且也会培养好的"网感"，让更多观看评论区的用户喜欢上你的作品，进而逐渐转化为你的粉丝。

从别人的评论区引流

除了从自己的评论区引流外，还可以从其他博主的评论区引流。但从别人的评论区引流不是一件容易的事，不是说你随便评论两三句，就能吸引到粉丝，而是要制造出"热评""神评"才行，这样才能引起用户的注意，并点进你的首页观看你的视频，如果你的短视频恰好能够吸引他，那么恭喜你，你大概率会又多一个粉丝。

比如，B 站 up 主"本喵叫兔兔"在 B 站的认证是"萌宠 up 主"，但他们的短视频内容其实并不是"晒"各种萌宠，而是以救助流浪猫为主。他们救助流浪猫的做法并不是给流浪猫吃的，而是抓住流浪猫，然后给流浪猫做各种检查，如果流浪猫没病，便开始寻找领养人，如果流浪猫有病，给它治好病后再找领养人。一句话解读，他们救助流浪猫的理念是"捕捉＋领养"，这种做法比单纯地给流浪猫喂食物更有效，同时也有助于宣传"领养代替购买"的理念。

在他们捕捉的流浪猫里，有一只狮子猫非常聪明，他们抓了好几次都没有抓到（因为不能伤害到流浪猫，所以他们抓流浪猫的时候从来没有使用过粗暴的手段，一些灵活的流浪猫，抓不到也很正常）。因为"对战"狮子猫的几场"战役"都失败了，所以网友经常调侃他们团队的"战斗力弱"（网友们也理解他们为什么抓不到狮子猫，调侃也只是单纯的调侃，没有任何的恶意，而且 up 主也会针对这一点和网友互动，反而增加了 up 主和粉丝的黏性），为了一雪前耻，up 主团队进行了一次周密的策划，准备了三套方案，并且邀请了一位经常喂狮子猫的阿姨帮忙，终于，在经历了几次失败后，他们抓到了狮子猫。

对于 up 主团队而言，这绝对是一次"大捷"，于是，后面两期短视频都是关于这次"大捷"的庆祝，尤其第二期短视频，团队成员们都带上了礼仪带，上面写着"热烈庆祝猫德学院抓到狮子猫"，到大街上去宣传这次"成果"（没有影响交通以及其他人的出行）。其实，对于短视频团队而言，偶尔组织一些"好玩"的活动还是挺有意思的，但对于社恐人士来说，在那样的场合下，"社恐症"一定会发作。在这个短视频的下面，便有一条"好社恐啊！我应该是 i 人吧"（i 人指内向的人）的评论获得一万多的点赞。这个评论说出了很多"社恐"人士的心声，所以才会获得如此多的赞。在这些点赞的人里面，有些人也许会因为找到了认同感点进评论者的头像，点进后发现，评论者也是一个萌宠博主，而观看"本喵叫兔兔"的用户大多都是一些喜爱萌宠的用户，这时，他们又发现了一个萌宠 up 主，如果这个 up 主的短视频比较优质，这些通过他的评论点进他主页的用户很大概率会关注他。

总之，不要小看评论区，在这里藏着流量密码，只要解开这个密码，引流、涨粉这些目标都能更快实现。

什么时间发布，才能抢占最大的流量

"天时、地利、人和"，这三点，放在短视频运营里也同样适用。有时候，你精心制作了一条短视频，内容非常优质，也结合了当下的热点，但获得的流量却很有限。为什么会这样？一个可能的原因是你发布视频的时间不对。

在一天当中，有四个黄金时间段，相较于其他时间段而言，在这四个时间段发布短视频，获得流量的可能性更大一些。

第一个时间段是上午七点到九点。这个时间段是大部分人起床、吃早饭、通勤的时间，有很多的碎片化时间，人们也习惯在这个时间段刷短视频，以消磨时间。

第二个时间段是中午十一点半到一点半。这个时间段是上班族午饭、午休的时间，忙碌了一上午，很多人都会选择在吃饭的时候或者午休之前刷刷短视频放松一下。

第三个时间段是下午五点到七点。忙碌了一天，有人会在下班之前刷几个短视频，休息、放松一下。另外，五点之后，上班族陆陆续续地下班，通勤路上，刷短视频是大部分人会做的事情。

第四个时间段是晚上八点到十点。这个时间段是大部分最放松的时候，吃过晚饭后，躺在沙发或者床上，刷刷短视频，好不惬意。

需要注意的是，这四个时间只是相对而言的，并不是说在这个时间段发布短视频就一定有流量，因为大部分账号都是在这四个时间段发布短视频，这会导致通道拥挤，你发布的短视频也有被淹没的可能。所以，最开始尝试短视频的时候，可以选择在这四个时间段发布短视频，如果效果不好，可尝试错峰发布，在这四个时间段的基础上，向前移半个小时，或者向后推迟半个小时。

除了上述四个黄金时间段外，还有下述三个时间点，可供选择。

1. 固定时间段发布

经过一段时间的探索和实践后，筛选出效果比较好的几个时间段，然后从中选择一个，把发布短视频的时间固定下来，之后，每次发布短视频，都选择这个时间段，雷打不动。这一做法有助于提高用户黏性，因为用户了解了你的发布时间，只需要每天准时去观看就行了。

2. 跟随热点发布

热点通常有时效性，过了这个时间，热点的热度下去了，也就很难再给你带来流量了，所以，你的选题如果是和当下的热点相关，一定要在热点的时效性还没有退下去的时候发。一般来说，发布得越快，由热点带来流量的可能就越大。

3. 结合粉丝活跃时间发布

当你的账号有了一定的粉丝基础后，可以查看粉丝的活跃时间，在这个时间段发布，粉丝观看率是最高的。相比较而言，粉丝完整观看视频的概率更多，你的视频更容易获得完播率，从而获得平台更多的推荐。

当然了，上面给到的几个时间段只是建议，具体选择哪个时间段，不同的平台，不同的账号，不同的粉丝群体，也存在一些差异，所以还需要账号运营者结合自己账号的情况去探索最佳的时间。

矩阵的能量，超乎你想象

为什么打造矩阵

打造短视频账号矩阵的原因有三：

第一，更好地面向不同平台。不同平台的用户构成存在一些差异，这导致不同平台的内容取向也存在差异，为了使各个平台的账号都收获较高的流量，必须打造短视频账号矩阵。这种打造矩阵的方法也称为"横向矩阵"。

第二，实现多账号协同。即便在同一个短视频平台，博主也需要开设多个短视频账号（至少两个），并在内容定位上可以做出一些差异性来，这样可以多维度地"吸粉"。另外，多账号联动也可以最大化地发挥平台机制的作用，实现"1+1 ＞ 2"的效果。这种打造矩阵的方式也称为"纵向矩阵"。"纵向矩阵"和"横向矩阵"交织在一起，可以形成一个密集的网络，捕捉全网流量。

第三，分摊风险。流量是一把双刃剑，它能带来正面的影响，也能带来负面的影响。有时候，你的某个观点可能会带来巨大的争议，当争议过大，有时候可能会产生负面的影响，进而导致你的账号被封禁。为了分摊风险，我们需要打造账号矩阵，当一个账号被封禁之后，还可以继续经营其他的账号。

三种常见的矩阵模式

目前，比较常见的短视频矩阵模式有以下三种。

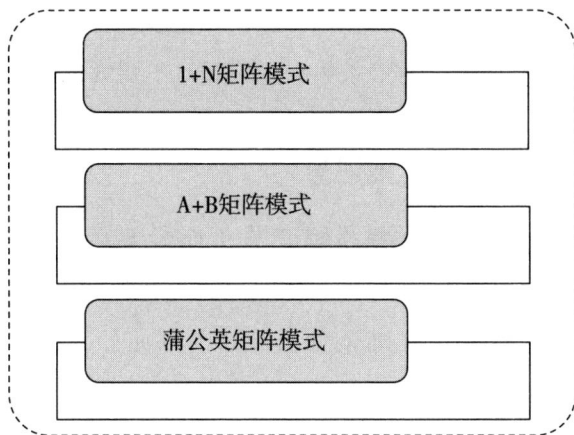

```
┌─────────────────────────────────────┐
│  ┌───────────────────────────┐      │
│  │       1+N 矩阵模式          │      │
│  └───────────────────────────┘      │
│                                     │
│  ┌───────────────────────────┐      │
│  │       A+B 矩阵模式          │      │
│  └───────────────────────────┘      │
│                                     │
│  ┌───────────────────────────┐      │
│  │      蒲公英矩阵模式          │      │
│  └───────────────────────────┘      │
└─────────────────────────────────────┘
```

1. 1+N 矩阵模式

1+N 矩阵模式就是打造一个主账号和 N 个与其有关联的子账号，形成一个完整的账号体系。子账号的定位不是绝对的，可以是基于主账号做的细分，也可以是主账号的延伸或补充。例如，前面提到的 B 站 up 主"本喵叫兔兔"是他们团队的主账号，和这个主账号关联的子账号有"小曹狸花""我是喵叽叽""猫德研究员小杨""猫德学院林老师"，这些子账号发布的内容各不相同，但都是围绕"本喵叫兔兔"这个主账号抓到的流浪猫展开的。

2. A+B 矩阵模式

A+B 矩阵模式就是打造两个短视频账号，一个是大号，一个是小号。当我们的某一个账号有了一定的粉丝积累后，可以直接在大号的评论区 @ 小号，或者点名哪个是自己的小号，带动小号的流量。为了增加小号的识别度，可以直接在小号介绍中点名大号，让大号粉丝可以更快速地识别出来。

3. 蒲公英矩阵模式

蒲公英矩阵模式就是围绕一个 IP 做多个账号，这几个账号发布的内容都是围绕这个 IP 展开的，最好都是这个 IP 产生的，这样，可以使这个 IP 在更大范围内形成影响力。当 IP 的影响力到一定程度时，账号就显得不那么重要了，因为这个 IP 在哪里，哪个账号就会有流量。相较于前面提到的两个矩阵模式，这个矩阵模式的效率更高，能够在相对较短的时间内打造出一个 IP，但非常需要运营，而且也需要这个 IP 能够持续地生产比较优质的内容，所以，如果不具备上述两个条件，建议暂时不要尝试这个矩阵模式。

打造短视频矩阵，这些要注意

第一，不同账号的定位要清晰。关于账号矩阵，我们需要明白一点，这些账号不是某一个账号的复制品，每一个账号都有它自己的使命，也都有它自己的定位，这样才能使每个账号都充分发挥作用，从而取得"1+1+…+1＞N"的效果。

第二，矩阵内各账号的风格差异不要过大（这里说的是风格差异不要过大，内容定位可以有差异，二者要区分开来），否则很难起到相互引流的作用，因为不同风格的受众是不同的，即便能够引流过去，这个风格的受众不喜欢另一个账号的风格，也很难将他们转化成粉丝。当然了，如果本身就是想做不同的风格，这一点可以忽略，但这种模式要做成矩阵，难度也更大，往往需要一个大的 IP 去支撑。

第三，矩阵通常要消耗更多的人力、财力和精力，我们切忌贪多，要结合自己的实际情况，不能为了搭建矩阵而放弃了短视频的内容。如果有需要，可以组建一个小的团队，确保能够经营好矩阵，并持续生产优质的内容。

短视频矩阵的管理

短视频矩阵是由多个账号组成的，在管理上更加复杂。为了提高短视频矩阵的管理效率，我们可以借鉴 PRAC 理论。该理论包括理 Platform（平台管理）、Relationship（关系管理）、Action（行为管理）、Crisis（风险管理）四个要点。

1. 平台管理

在某个短视频平台上，有时多个账号之间容易出现混乱的情况，为了避免这种情况的发生，需要清晰知道各个账号的定位，并确定一个主账号，其他几个账号都服务于整个主账号。

2.关系管理

构建矩阵的目的是让各个账号之间联动起来，形成密切的关系网，而不是各账号自娱自乐，这样就失去了构建矩阵的意义。因此，要加强各账号间的关系管理，加强各账号间的互动，使矩阵的引流作用得到充分地发挥。

3.行为管理

行为管理是具体到个体行为的管理方式，目的是提高个人达到高效管理各个账号的目的。

4.风险管理

短视频运营也存在风险，当出现风险的时候，如何进行有效的管理，避免风险进一步扩大，至关重要。

玩转平台推荐机制，不怕没有流量

每次打开短视频平台的时候，在首页都会有一些平台推荐的爆火短视频，这些爆火的短视频是怎么来到平台首页的呢？下面，我们来了解一下短视平台的推荐机制。前面，我们讲了当前几个比较主流的短视频平台，包括抖音、快手、B 站、小红书、视频号，他们的推荐机制都有一个共同点，都是根据数据的反馈决定是否把短视频推到更大的流量池，在此基础上，它们又有着不同于其他平台的推荐机制。

抖音的推荐机制

抖音推荐机制的灵魂是去中心化，简单来说，就是平台不会把流量集中在"大 V"身上，不给其他人机会，它会给所有在平台上上传视频的人分配流量，所以，在抖音里，每个创作者都有可能一夜暴红。那么，怎么分配流量呢？

每个人在抖音上发布作品后，平台会给每个人分配一个基础流量，大约200～500人，如果你的短视频数据很好（综合评估短视频的完播率、点赞率、转发率、评论率和关注率），平台会将你的短视频推到下一级流量池，如果在这个流量池中，数据同样很好，平台会将你的短视频推到更大的流量池，以此类推，最后，你的短视频会被推送到全网，以一条爆火短视频的形式出现在一些用户的首页。如果第一次基础流量的反馈就不好，后面的推流也就没有了。

当然了，这并不是说这条短视频会沉底，未来某一条，可能某件事会突然爆火，而你之前发的短视频恰好和这件事有相关性，此时，这条短视频可能被翻出来，当平台检测到你这条短视频有了好的数据后，会重新启动对该条短视频的推流，这也是为什么有时候一条很久之前的短视频还会爆火。不过，这种情况发生的可能性非常小。

抖音平台有 8 个流量池，其级别、对应的播放量和审核机制见下表。

抖音流量池

流量级别	播放量	审核机制
初始流量池	200～500	机器审核
千人流量池	3 k～5 k	机器审核
万人流量池	1 w～2 w	人工审核介入
初级流量池	10 w～15 w	机器＋人工审核
中级流量池	40 w～60 w	机器＋人工审核
高级流量池	200 w～300 w	机器＋人工审核
热门流量池	700 w～1 100 w	机器＋人工审核
全站	3 000 w+	机器＋人工审核

为了在初始流量池就有一个好的数据，我们一定要做好短视频的内容，

确保它能够吸引一部分人。另外，也要界定好短视频的标签，因为平台在分配基础流量的时候，会根据你的标签匹配相对应的用户，这样，内容、用户是相匹配的，你的短视频被点赞、被转发、被评论的概率就会更大一些。如果不打上标签，平台便会机推流，内容、用户是不匹配的，效果自然不理想。这些，适用于所有的短视频平台。

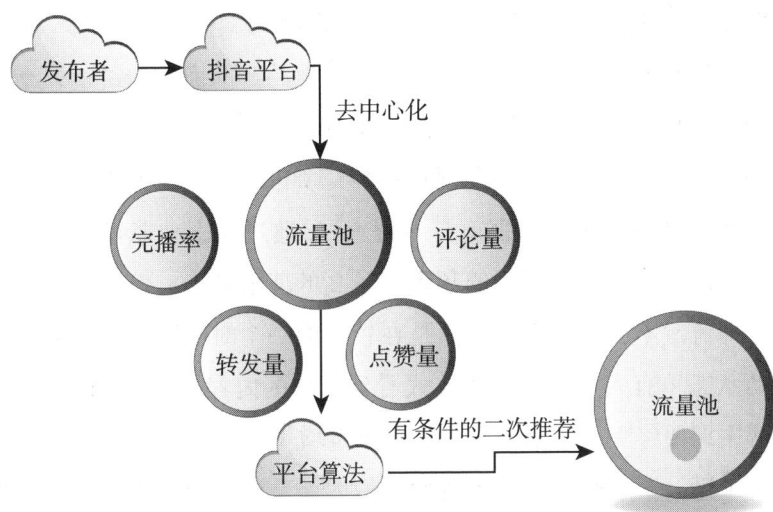

推荐机制简化图

快手的推荐机制

前面提到，快手运用的是一种叫"普惠式"的算法，这个算法和去中心化的算法类似，目的也是为了把流量分给更多的普通用户，增加普通用户被人们看到的机会。

用户在快手上传短视频后，平台会给用户分配一个基础流量，如果数据反馈好，平台会把这条短视频推送到更大的流量池，以此类推。但是，当这条短视频的流量达到了一定数值后，平台会停止推流，甚至对其做一定的限流处理，然后把这些本该流到该条短视频的流量分给其他的普通用户。

"普惠式"算法能够有效避免流量被某个账号或者某个短视频"独吞"的现象，因为在快手看来，他们要做的是——给每个人表达自己的机会。

小红书的推荐机制

小红书平台的推荐机制包含两层逻辑。第一层是各个短视频平台都有的根据数据反馈推流，数据反馈好，平台推荐的力度越大。

第二层是基于小红书的"种草"功能产生的。前面我们讲过，小红书是一个"种草"平台，里面有很多人的经验分享，用户看小红书，更多看的是别人的经验分享，而不是单纯地刷短视频，所以，在小红书平台，有一个不同其他短视频平台的现象，那就是"搜索"（通过搜索功能找到自己想看的经验分享）的频率大于"刷"的频率。较高的搜索频率，带来了流量上的长尾效应，即流量不会马上沉底，而是在较长的一个时间段内，都保持一个相对较低的状态（有人通过搜索的方式看到了你的内容），这也是为什么很多小红书博主即便停更了，依旧有零星的流量增长。

明白了第二层逻辑，接下来我们要做的就是怎么把握住由搜索带来的推流。通常情况下，我们在检索某个东西的时候，会输入一些关键词，这些关键词就是我们内容曝光的关键。这时，可能你还会产生疑问，具有相关关键词的内容很多，如果我们的内容排序靠下，很可能还是得不到曝光。所以，为了让我们的内容靠前，我们不仅要在标题里提到关键词，还要在标签以及内容里提到关键词，尤其在内容里，要反复提到我们的关键词，提到得越多，内容靠前的概率越大，曝光的概率也就越大。当然了，前提是不能影响内容本身，不能影响用户的观感，否则就得不偿失了。

B 站的推荐机制

B 站的推荐机制和其他短视频平台一样，都是根据数据反馈决定下一步的推流，数据反馈好，平台推荐的力度越大。但是，对于 B 站来说，推荐机制的作用不像其他平台那么大，为什么这么说呢？前面我们提到，B 站是最受年轻人欢迎的视频社区，很多年轻人来到 B 站，是因为这里有自己感兴趣的东西，虽然他们也会关注兴趣之外的东西，但相比较而言，其他东西的吸引力低了很多，所以在 B 站有一个现象：老用户更倾向于看自己关注的 up主发布的内容，有时他们甚至会直接跳过首页的推荐，直接到关注列表去找自己关注的 up 主，看他们的账号是否发布了新内容。

所以，在 B 站，up 主不需要做太多的考虑，只需要把内容做好，用内容吸引用户，让他们关注你，然后，维护好粉丝，不断提高粉丝黏性，为下一步的变现做好充足的准备。

视频号的推荐机制

与抖音、快手、B 站、小红书相比，视频号的推荐机制里多了一项社交推荐。视频号之所以能够发展起来，是因为它背后有着数量庞大的微信用户，这是其他短视频不具备的，也正是因为视频号背靠微信，所以有了更强的社交属性，而这一属性，被运用到了推荐机制中。

在视频号，当创作者发布了一条短视频后，平台会先给他推送一波基础流量（和其他短视频平台相同），这些人在看到短视频之后，如果产生了点赞、转发等行为，这条短视频首先会辐射到这个用户的社交圈，他社交圈内的好友看到这条短视频之后，觉得非常好，也同样点了赞，然后，这条短视频会辐射到他的社交圈，以此类推。目前为止，这条短视频还只是在社交圈的范畴传播，而当这条短视频的数据（点赞、转发等数据）达到某一个阈值之后（不同领域的阈值不同），这条短视频便会被进行第二次推流，这次推流不再局限于社交圈，而是会推到更大的流量池中，然后再根据数据反馈，确定是否再进行下一次的推流。

其实，无论哪个短视频平台，反馈数据都非常关键，只有短视频的反馈数据足够好，才可能持续地获得短视频平台的推流。因此，每次发布完短视频后，复盘非常重要，要看各项数据的反馈，然后进行优化。相关内容在前面已经讲过，在这里就不赘述了。

审核不过，努力白费

讲完了短视频平台的推荐机制，我们再补充非常重要的一点——审核机制。在平台推荐短视频的过程中，审核机制一直伴随左右，一旦发现短视频出现违规情况，就会停止推荐，甚至删除视频，做封号处理。

为了尽可能避免违规情况的出现，我在这里总结了一些常见的违规操作，供大家参考。

1. 账号本身存在问题

有些人在开号或者经营账号的过程中，在一些没有注意到的地方存在一些违规操作，导致账号一开始就会被限流。

（1）昵称、头像、个人简介、背景图等使用违规。

（2）频繁更改个人信息。

（3）登录账号的设备频繁更换，且经常登录、登出。

（4）同一个 IP 注册、运行了多个账号。

（5）账号登录定位变化非常快（前一分钟还在上海，下一分钟就到了海南了）。

2. 账号质量过低

如果你的短视频账号被判定为低质量账号，大概率会被限流。下面这些操作有可能降低你的账号质量。

（1）作品方向杂乱，什么内容都有。

（2）视频画面模糊、扭曲，没有任何实质性的内容。

3. 其他各种违规操作

（1）在评论区、私信辱骂他人。

（2）刷赞、刷评论、刷播放量、刷粉等行为。

（3）短视频明显是营销广告。

（4）短视频中长时间出现微信号、二维码等信息。

（5）频繁删除已经发布的作用，如果不喜欢，可以选择隐藏。

（6）搬运他人作品。

（7）同一个作品，多次在同一平台发布。

（8）文案有诱导用户点赞、评论等言行。

（9）短视频内容含有辱骂言论、不良引导、造谣传谣、欺诈、低俗等内容。

粉丝经济：
得粉丝者得天下

第**6**章

粉丝是我们实现短视频营销目的，甚至直接变现的关键。但是，有了粉丝，就一定能够实现营销目的，实现变现吗？答案显然是否定的。

小杨一直很喜欢制作短视频，他总是充满激情，希望通过自己的努力，吸引更多的粉丝。经过一段时间的努力，他的粉丝数量确实增长了不少，但是，他发现，这些粉丝并不能为他带来比较理想的经济效益。他尝试了很多方法，比如在视频中植入广告、营销产品，但是粉丝们的购买欲望并不高。他感到很困惑，不知道问题出在哪里。

有一天，他遇到了一位资深博主，这位博主告诉他，他的问题在于没有经营好自己的粉丝。小杨感到很疑惑，自己一直以来都很努力地与粉丝互动，怎么还说自己没有好好经营粉丝呢？

这位博主告诉他，与粉丝互动并不是经营粉丝的全部，他还需要做更多的工作。比如，了解粉丝的需求和喜好，为他们提供更有价值的内容和服务；建立信任关系，让粉丝对自己产生更多的信任感；提高售后服务质量，让粉丝感受到自己的关心和重视。如果要让粉丝群体产生经济效益，还需要采取为粉丝群体建立画像，从粉丝群体中培养铁粉，把公域流量转化为私域流量等方法。

小杨听了这位博主的话，开始反思自己的经营方式。他意识到，自己在粉丝经营上还有很多欠缺，而且没有认识到粉丝经济的本质。小杨开始转变粉丝运营的方式，他的粉丝们开始变得活跃起来，购买产品的欲望也逐渐提高。

在互联网时代，我们常说："得粉丝者得天下。"这句话没有问题，问题在于，粉丝和经济效益之间不能直接画等号。所以，如何经营好自己的粉丝，使粉丝经济发挥最大的效用，是每一位短视频博主都要学习的一门功课。

什么是粉丝经济

在了解粉丝经济之前，我们先来了解下粉丝的种类。粉丝的种类有很多，就短视频领域而言，可将粉丝分成三大类：内容粉、品牌粉和路人粉。

粉丝的种类

1. 内容粉

前面我们讲过，短视频以内容为核心，被短视频内容吸引的粉丝便称为内容粉。他们关注某个博主或者某个账号，主要就是它创作的内容非常优质，而当内容质量降低之后，内容粉可能会取消关注，也可能不会取消关注，但对账号的关注度会逐渐降低，最后变成一个"僵尸粉"。对于短视频创作者来说，这些粉丝能够激励到他们，促使他们创作出更多优质的作品。另外，由于这些粉丝对内容的敏感度很高，如果能够经营好这些粉丝，短视频创作者可以从他们身上获取灵感和启发。

2. 品牌粉

品牌粉关注的是短视频账号的品牌属性或者博主的个人 IP（这同样也是一个非常有影响力的品牌）。如果用户关注的是短视频账号的品牌属性，这说明用户在该领域有一定的需求。比如，如果你对文学感兴趣，你会去关注一些讲文学的账号。如果用户关注的是博主的个人 IP，说明用户对该博主一定有了一定的了解，被博主的个人魅力所吸引，然后成为博主的粉丝。无论是因为哪种情况成为品牌粉，与内容粉相比，品牌粉的用户黏度更高，因此，在进行短视频营销时，应把品牌粉作为重点关注对象，发挥他们的价值，同时，维护好与他们的关系。

3. 路人粉

用户在刷短视频的时候，看到了你的某条短视频，觉得非常有趣，关注了你，打算有时间继续看你其他的短视频，这就是路人粉。这之后，可能有两种情况，一种是在空闲时间继续观看你的短视频，发现你的短视频质量很高，或者满足他的需求，这时，路人粉会选择继续关注你；另一种情况是没有再继续观看你的短视频，你的账号静静地躺在他的关注列表里，他不会主动打开你，直到有一天，你的新视频出现在首页，并且吸引到了他，他才会选择点开观看，如果你的新视频的质量也很高，很可能会激起他观看你其他短视频的兴趣，再看了你其他的短视频后，用户可能会关注你（你的短视频质量很高或者满足他的需求），也可能会取消关注（你的短视频质量一般或者不满足他的需求）。从前面的描述可以知道，路人粉的用户黏度最低，忠诚度也最低，但路人粉的数量非常大，而要留住路人粉，内容质量一定要过硬，一段时间后，他们会逐渐转变为内容粉，这时，用户的黏度会随之提高，更便于营销和变现。

那么，以粉丝为核心的粉丝经济究竟是什么呢？

其实，粉丝经济由来已久，只不过互联网的普及，使得粉丝经济适用的领域不断扩大。以前，粉丝经济主要适用于追星族，明星的粉丝会为自己的偶像消费，包括购买海报、磁带、光盘、演唱会门票等。如今，只要是基于粉丝和被关注者之间的关系产生的经济行为，都可以看作是粉丝经济。

以本书讲的短视频为例，你关注了一个短视频博主，非常喜欢他的短视频，进而对他产生了信任感，然后在他的推广下购买了某件产品，这就是粉丝经济。

如今，互联网对人们生活的影响越来越大，粉丝经济的效应也越来越明显，从某种意义上来说，有了粉丝，就能产生经济效应，哪怕你只是一个草根，只要有了庞大的粉丝群体，就可以拥有巨大的影响力，同时也可以产生巨大的经济效应。

如果想更深入地理解粉丝经济，可以把粉丝经济拆分成五个要素：粉丝、理想、产品、信息和社群。粉丝这个最核心的要素我们在前面已经说过了，下面说说剩下的四个要素。

要素二：理想

有很多产品，最初可能只是一个想法，这个想法看起来是那么的遥不可及，但最终成了现实。要打造个人品牌，创始人要敢于做梦，用理想的力量去感召志同道合的人，去感召自己的粉丝，一步步把理想照进现实。

要素三：产品

产品质量如何，是粉丝经济能否持续，甚至进一步发挥作用的关键。因此，一定要重视产品质量，确保产品满足粉丝期望，然后，借助粉丝效应，逐步扩大品牌影响力。

要素四：信息

在信息化社会，一定要充分利用信息传播快、范围广的优势，将各种对自己有利的信息传播出去。另外，确保与用户的交流及时、高效，解决用户问题。

要素五：社群

社群是粉丝经济的一个特殊要素，对于运营者来说，时机成熟之后，一定要建立社群，进行社群化运营，这是促使粉丝经济充分发挥作用的重要一环。

五个要素共同发挥着作用，其中，粉丝是核心要素，但我们不能只关注这一个要素，这也是很多短视频博主容易走进的一个误区，其结果就是粉丝经济不能实现可持续发展。我们未来要做的，是抓住粉丝经济的本质，避免走入这个误区。

为粉丝建立画像

画像是什么

无论是寻找目标用户，还是确定目标群体，抑或挖掘用户需求，都需要借助画像，这是做短视频运营必须认识的一个概念。

那画像究竟是什么？首先我们要知道，这里提到的画像不是美术领域的画像，而是一个互联网概念。

下面，我们先来看一段描述：

小丽，女，25 岁，杭州人，本科毕业，爱好是旅游和摄像。

上面这一段描述就是小丽的画像，专业一点，画像是基于真实数据得到的用户模型。

如今，每个人上网都会留下一些行为数据，如社会属性、消费习惯、行为习惯等，这些数据经过加工之后，便形成了用户画像。由此可见，给用户画像，其实就是在一个个地贴标签，标签越多，用户的画像越清晰。

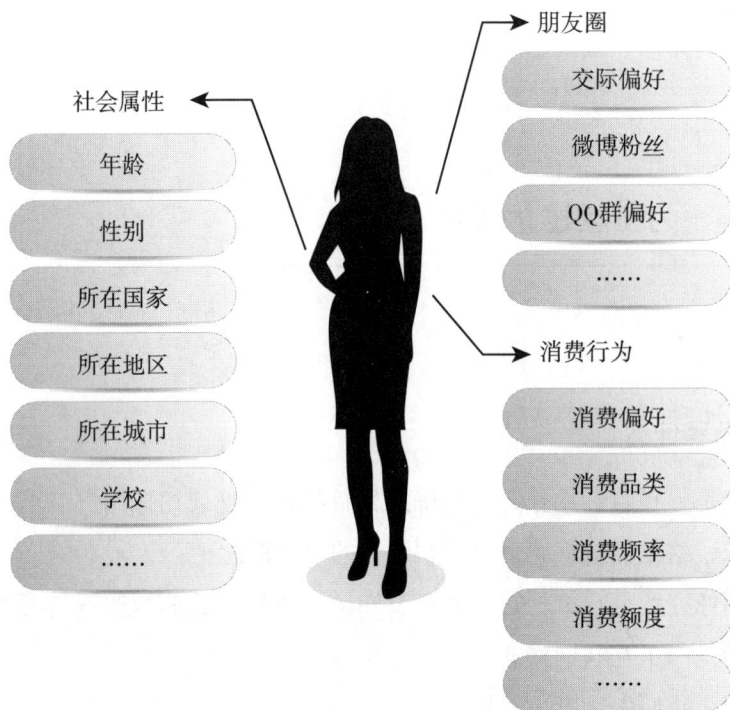

社会属性
- 年龄
- 性别
- 所在国家
- 所在地区
- 所在城市
- 学校
- ……

朋友圈
- 交际偏好
- 微博粉丝
- QQ群偏好
- ……

消费行为
- 消费偏好
- 消费品类
- 消费频率
- 消费额度
- ……

用户画像

需要注意的是，用户画像并不是某个具体的人的信息，它是指一个群体的信息。在今天，用户画像的概念变得愈加宽泛，只要是对用户的认知，都可以看作是用户的画像。

为什么要为粉丝建立画像

积累粉丝的一个目的是以他们为基础做营销，如果你对你的粉丝群体不够了解，又怎么能够精准地营销呢？所以，给粉丝建立画像是短视频运营者在营销之前必须考虑的问题。

其实，包括在运营短视频的阶段，同样可以给用户画像，挖掘用户的需求，然后进行精准的内容营销，随后，分析用户数据，了解问题所在，对内容进行优化。优化后的内容，会持续吸引新的粉丝，运营者需要建立新的用户画像，然后再精准营销，不断循环下去。

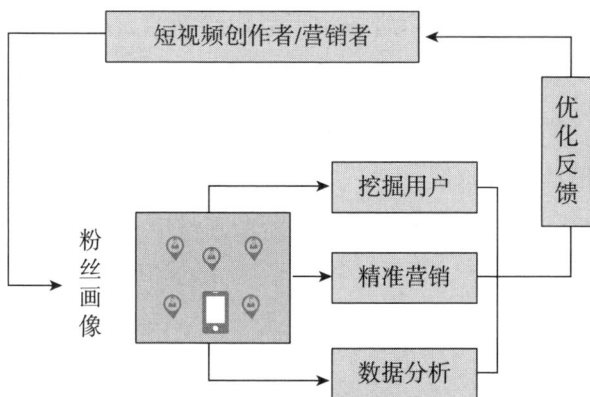

建立粉丝画像的作用

当然了，粉丝画像的作用远不止这些，但通过这些方面也可以看出给粉丝建立画像的重要性。

为粉丝建立画像的步骤

既然给粉丝建立画像很有必要，那么在实际操作中该按照怎样的步骤实施呢。一般情况下，给粉丝建立画像需要四步：

第一步：采集数据

数据是建立画像的基础，如果没有客观的数据，建立起来的画像也是不真实的。采集粉丝数据时，应采集的数据包括属性数据（粉丝年龄、性别、地域、职业、兴趣爱好）、行为数据（访问时段、访问频率、停留时间）、粉丝的周期（粉丝从关注到取消的周期）、粉丝参与数据（粉丝参与各种活动的数据）等。

第二步：数据分析

数据采集完成后，对数据进行分析，构建可视化模型，并为粉丝打上专属标签，然后根据标签对粉丝做更为细致的划分。不同群体有着不同的认知、行为，对粉丝做细致的划分后，在给粉丝建立画像时便可以进行分类，然后针对每个类别建立更加清晰的画像。

第三步：丰富粉丝画像

如果有多余的精力，可以进一步丰富粉丝画像，从而使呈现出来的画像更加清晰。这一步可以采取调查问卷的方式，了解粉丝的核心需求、消费偏好、消费目的等信息，给粉丝打上更加精准的标签。

第四步：形成粉丝画像

对上述信息加以整合，便可以形成粉丝画像了。

铁粉养成：粉丝经济的核心

铁粉是短视频账号或某个博主的忠实拥护者，相比一般的粉丝而言，他们更愿意购买博主推荐的产品，甚至可以自发地为博主进行宣传。因此，从某种意义上来说，铁粉是粉丝经济的核心。很多时候，我们容易把大部分精力放在"拉新"上，忽视了老粉的维护，导致铁粉很少，这样的账号即便粉丝再多，变现能力也会打折扣。所以，拉新的同时，一定不要忘记维护老粉，提升铁粉的占比。

关注粉丝言论，及时给予回复

在短视频账号经营的过程中，互动是一个频繁被人们提起的概念，它是拉近博主和粉丝距离的有效手段，也是培养铁粉的第一步。

粉丝在看完短视频之后，有些会去评论区留言，有些会给博主发私信，作为粉丝，大多都希望能够得到博主的回复，这样可以给他们带去存在感，所以，博主一定要关注粉丝的言论，并及时给予粉丝回复。

当然了，有些博主的粉丝量很大，评论和私信的量也很大，博主很难做到一一回复。其实，对于这种情况，很多粉丝都表示理解，毕竟谁也不可能在短时间内浏览并回复成千上万条的信息。但是，作为博主，不能忽视这个情况，而是应该不定期地把这件事拿出来和粉丝解释并做分享。

比如，有些博主会不定期录制一条读评论的短视频，在短视频中，博主会先做一些解释，告诉自己的粉丝，评论太多了，没办法一一回复，然后选几条或者十几条评论，读给自己的粉丝，同时说说自己的感想，最后再表示对大家的感谢。还有一些博主会在直播中读粉丝的评论，和粉丝一起挑选往期短视频中的评论。

私信同样可以采取这个方法，从粉丝众多的私信中，选出一些比较有代表性的，在征得粉丝的同意后，把私信内容展示出来，和大家一起互动。

引导粉丝参与话题

在短视频中，博主可以向粉丝抛出一些话题，引导粉丝针对整个话题进行讨论。如果不便于在短视频内容中插入话题，可以不在评论区置顶话题，因为很多用户都有看评论区的习惯，看到你在评论区留下的话题，如果引起了他们的兴趣，同样会参与进来。

另外，博主还可以直接向粉丝征集话题，尤其当博主的创作陷入瓶颈期，不知道选什么话题的时候，可以采用这个方法，一举两得。

无论采用哪种方法，在粉丝参与进话题之后，博主一定要关注粉丝的见解和需求，及时和粉丝进行互动，让粉丝的参与感更加强烈。

为粉丝提供附加价值

为粉丝提供附加价值，可以从物质和精神两个层面着手。在物质层面，博主可以给粉丝准备一些礼物，以抽奖的形式送给粉丝。另外，在做产品营销时，尽量申请较大的折扣，让粉丝在你这里能够得到真正的实惠。在精神层面，博主可以在短视频或者评论区加入一些只有老粉才知道的"老梗"，新粉看到这些"老梗"时，可能会非常疑惑、好奇，然后四处询问，老粉看到这种情况，会产生一种优越感，并由此带来一种归属感。时间久了，老粉的归属感会越来越强，铁粉属性也会随之增强。

当然了，上述三个策略只是针对普遍情况而言的，每个博主都可以结合自己以及粉丝的实际情况采取更为适宜的策略。还有一点非常重要，策略起到的作用只是锦上添花，短视频始终是以内容为王的，这是留住粉丝的根基，同时，真诚地对待自己的粉丝，做到互利互惠，而不是只想着利用粉丝变现，这样，才能养成越来越多的铁粉，账号的生命力也会长盛不衰。

公域流量一定要转化为私域流量

在了解私域流量之前，我们先了解一下流量池的概念。流量池，顾名思义，就是积蓄流量的池子，如抖音、快手、微博等，都属于流量池。

根据流量池属性的不同，我们可以将流量池分为公域流量和私域流量。公域流量，就是各个互联网平台上的流量，它们是大家共享的，不属于某个人、某个品牌、某个企业。比如，抖音的用户、快手的用户、微博的用户，都属于公域流量。

私域流量，就是只从公域引导私域的流量，这些流量不是大家共享的。比如，微信群、QQ群、某个微信公众号中的用户，都属于私域流量。

淘宝　抖音

微博

百度　公域流量

美团

蘑菇街

拼多多

微信个人号

小程序　私域流量　社群
公众号
App
……　朋友圈

私信

公域流量与私域流量

我们在做短视频的过程中，会不断积累粉丝，这些粉丝虽然属于我们，但我们所在的平台仍旧是一个开放的平台，所以，从某种意义上来说，他们仍旧属于公域流量。此时，便需要我们采取一些措施，将包括我们的粉丝在内的公域流量引到我们的私域，使他们成为私域流量。

与公域流量相比，私域流量有着非常突出的优势。如果我们把流量池比成一个大海，公域流量就是这片大海中的鱼，虽然鱼的数量在不断增多，但它是有上限的，与此同时，捕鱼的人越来越多，捕鱼的竞争越来越大。

按照这个比喻，把公域的流量引到你的私域，就是在把大海中的鱼引到你私人的鱼池。与在茫茫大海中捕鱼相比，在自己的私人鱼池捕鱼要更容易，而且也没有了竞争。

再具体、直白一些，私域流量的优势突出表现在五个方面：维护成本低、粉丝黏性高、随时可触达、转化率高、可重复利用。

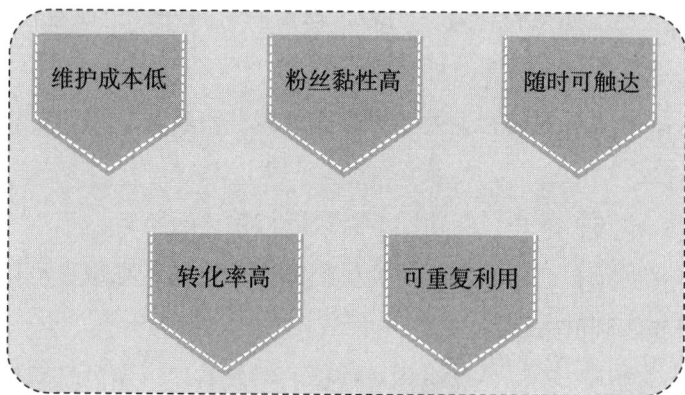

私域流量的五个优势

既然私域流量有着突出的优势，那么，作为短视频运营者，要如何将公域流量转化为私域流量呢？下面几点，可以作为参考。

第一，持续生产优质的内容。在短视频行业，内容永远是第一位的，只有持续地生产优质的内容，才能持续吸引粉丝的关注，当粉丝折服于你的才华后，便会更情愿地进入你的私域。

第二，加强与粉丝的互动。在持续生产优质内容的基础上，加强与粉丝的互动，增强粉丝黏性。一般来说，粉丝的黏性越高，越容易进入你的私域。

第三，多个渠道同时发力。在从公域到私域引流的时候，一定要多个渠道同时发力。目前，比较常见的渠道有个人主页引流、评论区引流、私信引流、短视频内容引流、直播引流等五个渠道。

公域流量转化为私域流量后，还需要花费时间和精力去维护它，不能让它成为一潭死水，否则就失去了引流的价值了。如果你签了 MCN 机构（为短视频创作者提供支持的服务平台或机构），他们有专业的运营团队，可以交给他们去运营；如果你是个人或者只是一个小团队的话，就需要了解一下如何维护私域流量了。

一般情况下，可以按照下面的步骤去做好初期的维护。

第一步：和新入群的粉丝打招呼，让新粉丝感受到他自己是被重视的。这一点非常重要，如果粉丝进去之后，你没有打招呼，也没有任何的行动，粉丝会觉得被忽视了，退群的可能性很大。

第二步：推送新人福利。为了更有效地留住新粉丝，给新粉丝推送一些新人福利。

第三步：多与粉丝进行互动，不断拉近与粉丝的距离。

第四步：展示自己的价值，让粉丝们知道，在你的私域里可以收获到在其他地方收获不到的东西。

第五步：给用户贴标签。当你对群里的粉丝有了一定的了解后，可以给粉丝打标签，这样有助于你更精准地维护粉丝群体。

当你和私域里的粉丝形成了比较亲密的关系，便可以在群体进行选题的征集活动，让他们告诉你他们更感兴趣的东西。这样，可以省去你做选题的时间，还增强了你与群里粉丝的互动，并且当选题做出来之后，还可以第一时间号召他们去给你点赞、评论，可谓是一举多得。

时机成熟之后，便可以在群里推荐产品了，而涉及产品之后，一定要慎重，不仅要选好品，还要尽可能详细地解答粉丝的问题，做好相应的售后服务（大部分由商家解决，但有时需要我们去解决），这样，才能与粉丝之间建立好信任关系，让粉丝不断地从你这里回购。

短视频营销：为企业加速

企业入驻短视频平台的三个好处

如今，很多企业已经入驻了短视频平台，旨在借助短视频的东风，更好地营销自己，从而为企业的发展加速。那么，企业入驻短视频平台究竟有哪些好处呢？

第一，有助于扩大企业传播范围。企业营销的一个主要目的就是把自己的品牌传播出去，让更多的人知道自己的品牌。通常而言，哪里有更多的人，哪里的传播效果会更好。如今，中国短视频用户规模已经超过 10 亿人，大约三分之二的人都在使用短视频平台，如此大的流量，只要利用好了，就能够有效扩大企业的传播范围，提高企业的品牌知名度。

第二，有助于降低运营成本。与传统的运营模式相比，打造一条优质短视频的成本普遍更低。这是因为，相比于电视、广播等传统媒体而言，短视频的传播具有用户自发性，即用户看到优质的短视频后，会自发地点赞、分享，这就使得这条短视频可以被更多的人看到。所以，对于企业而言，可以把资金投入到短视频的制作中，创作出优质的短视频，让用户和平台帮你去传播，在这条短视频传播的过程中，企业的知名度也随之获得了提升。

第三，获得平台的赋能。与个人相比，企业入驻短视频平台，可以从平台那里获得更多的赋能。以抖音为例，企业入驻抖音平台，可以申请蓝 V 认证，一旦通过，便可以获得多项权益。

（1）优先展示。当用户在检索栏检索关键词时，会优先展示蓝 V 账号。这也告诉我们，在设置昵称的时候，可以同时考虑一下用户的检索习惯，这样更容易展示在用户眼前。

（2）营销内容不被限流。个人如果发布带有营销广告性质的内容，很可能会被限流，甚至要求删除内容。但通过蓝 V 认证之后，账号里发布的任何带有营销广告性质的内容都不会被限流，甚至平台还会给你一定的流量扶持。

（3）垂直行业 POI 认证。通过蓝 V 认证后，企业可以认领一个 POI 地址，然后将企业的电话、地址、营业时间上传，方便客户联系你。

（4）外链跳转。通过蓝 V 认证后，企业如果有自己的官网，可以把官网的连接放到主页，用户点击连接，可以直接跳转到官网。

除了上述权益外，还有自定义私信回复功能、昵称唯一、0 门槛开通购物车、找达人拍视频等权益。

其实，对于企业而言，开头一个短视频官方账号很简单，难的是如何在短视频中融入企业品牌。目前来看，常见的方式有两种：一种是软融入，另一种是硬融入（和广告植入的思路很像）。

软融入就是在短视频内容中不直接展现企业的优势，包括企业的任何产品，只是在某几个镜头中露出来企业的名字或者 logo。例如，抖音有个博主叫"职场变形记"，他们的视频风格以搞笑为主，内容非常有创意，吸引了很多粉丝。在他们的短视频中，经常会出现几个镜头，在这几个镜头的背景里，你可以隐隐约约地看到一个企业的名字——纳爱斯，但在他们的台词里，从来没有出现过纳爱斯的名字，也没有出现过纳爱斯的任何产品。这种方式就是软融入。他们不会直接为自己的企业"背书"，只专注于短视频内容的创作，由于短视频内容非常优质，吸引了非常多的粉丝，这些粉丝受到账号的影响，也会潜意识地对纳爱斯产生好感。通过这种方式，企业宣传自己、打造品牌的目的可以在无形中得到实现。

硬融入就是直接在短视频内容中为企业"背书"，包括宣传企业的优势，宣传企业的某个产品等。比如，华为在抖音认证了蓝 V 账号，在它发布的短视频中，有一期名为"你在日常生活工作中，遇到过这样的救星吗"的短视频，在这个短视频中，一个女生被领导要求提前一天做好方案，虽然女生答应了领导"保证完成任务"，但从女生的表情可以看出来，这个任务很难在领导要求的时间完成。于是，女生找到邻座的同事，向她求助道"怎么办，怎么办，不睡午觉能做完吗？"邻座的同事告诉她"不要着急"，然后告诉她平板（华为的平板，虽然没有直说，但宣传的肯定是自己的平板）有什么什么功能，紧接着，又告诉女生鸿蒙 4.0（开始宣传自家的系统了）有什么什么功能，女生满脸笑容说道："那可真是帮了我大忙了"。这个短视频就属于一个硬融入的短视频，在短视频的小故事中直接融入了企业的产品（平板和鸿蒙 4.0），目的非常纯粹，就是两个字——宣传。这个短视频的创意虽说一般，但却是职场中很常见的一个问题，也能够在一定程度上引起用户的共鸣。

利用短视频讲好品牌故事

说起品牌故事，有一个大家一定非常熟悉，那就是海尔的"砸冰箱事件"。1985 年，有用户反映海尔的冰箱有质量问题，海尔董事长张瑞敏非常重视这件事，决定对全厂的冰箱进行检查，最后，共发现 76 台有问题的冰箱，虽然有些冰箱存在的只是小问题，但张瑞敏认为，有缺陷的产品就是废品。在众人的围观下，张瑞敏下了一个令所有人都惊讶的决定：将这些冰箱全部当众砸毁。在当时，一台冰箱的售价是 800 元，相当于一个普通职工两年的收入。虽然损失很大，但张瑞敏态度坚决，并亲手砸了第一台冰箱。这件事情在当时引起了很大的轰动，海尔也因此成了质量的代名词。

有时候，铺天盖地地做一系列的广告，不如讲好一个品牌故事来得有效。其实，在今天，借助短视频，企业可以更加轻松地把自己的品牌故事传播出去，但怎么把故事讲好，产生像当年"海尔砸冰箱"一样的效果，是需要每个企业思考的。

以下两点关于短视频故事的创作思考，可供参考。

第一，确定故事主题。要讲好故事，一定要有明确的主题，否则整个故事就没有了"灵魂"，观众看完也会一头雾水，不知道故事要表达什么。例如，"华为"在抖音上传了一条时长为29秒的短视频，短视频开头是一片辽阔的海洋，然后镜头穿过水面，看到了海底一群群的游鱼，镜头没有停下，一直向下，画面越来越黑，隐约可以看到一条缝隙，穿过缝隙后，来到了海底，在海底，竟然有一条跑道，随着镜头继续向下，我们看到跑道的1号线上放着一对助跑器，随后，屏幕上浮现出一行字"最大的阻力，给我们最大的动力"。这个短视频的故事非常简单，没有人物，甚至没有情节，但传达的主题却非常清晰：虽然我们前进的道路上有着重重阻力，但这也是我们前进的动力，而今天，华为在经过重重困难后，获得了"新生"。

第二，推出一个系列性的故事。短视频的时间比较短，在有限的时间里，有时无法容纳太多的信息，此时，便可以推出一个系列性的故事。例如，抖音平台上的"转转二手"发布了三条短视频，分别为"成熟篇""回收篇"和"上门篇"。这三条短视频属于一个系列，都是围绕转转的回收服务来讲故事。

"成熟篇"讲的是到了9月，旧手机就"成熟"了的故事。每年9月，一些品牌会发布新机型，所以这个时候是旧手机换新的一个"小旺季"，旧手机换下来了，对于回收平台来说，就是"成熟"了，可以"摘取"（回收）了。

"回收篇"讲的是回收员上门回收旧手机的故事。在故事里，人们像一个个稻草人一样，站在地里，一动不动（表现得你不用动，转转会有专门的人上门回收，为第三篇"上门篇"做铺垫），回收员则一个个从他们的手里把手机"摘"下来。从人们手里"摘"下来的旧手机盛了好几筐，给人一种大丰收的感觉。

"上门篇"讲的是回收员不远万里上门回收的故事。在故事里，回收员骑着一辆电瓶车，从白天骑到黑夜，穿过了山和大海，最终到了客户家里，完成了手机回收的任务。这个故事表现的主题是"回收"，即不管你住在哪里，转转的回收员都会上门回收。

三个篇章构成了一个系列，讲的都是转转回收旧手机的故事。故事非常有创意，点赞率都达到了几万，在这个账号的几十条短视频中，是数据最好的一个系列。

终极目标：实现线下线上闭环营销

对于企业来说，如果有足够的资本，应该形成线下线上闭环营销。比如，小米最开始走的是线上营销的路线，后来，在各个城市开设了"小米之家"，形成了线下线上营销闭环。再比如，盒马鲜生最开始是一个电商平台，后来在线下开了实体店，也形成了线下线上的营销闭环。短视频为很多企业提供了线上营销的渠道，尤其对于一些初创的企业来说，可以以一个相对较低的成本完成品牌营销，扩大自己的影响力。当有了足够的资本之后，可以在合适的时机，进行线下布局，逐步实现线下线上营销的闭环。

流量变现:
短视频平台的 N 种变现方式

第7章

在互联网时代，我们经常说，流量为王，而如今，短视频平台已成为一个巨大的流量池，在这个流量池中，如何获取流量，并把流量变现，是每一个短视频创作者都在关注的一个话题。

小陈是一个充满创意的短视频创作者，经过长时间的努力，他终于积累了一定的粉丝，短视频的流量也比较可观。随着粉丝数量的增长，小陈开始思考如何将这些流量变现，将他的创作才能转化为实实在在的收益，实现自己的商业价值。为了找到最适合自己的流量变现方式，小陈找来了一些同行的朋友，向他们请教。朋友们各自给出了不同建议。

有的朋友建议小陈考虑和短视频平台签约。通过与平台合作，小陈可以获得更多的曝光和推荐，吸引更多的粉丝。另外，平台也会提供一些商业合作的机会，让小陈的流量得到变现。这个建议让小陈感到有些心动，因为签约平台可以为他提供更多的资源和支持。

另一个朋友提出了不同的看法。他认为小陈可以通过广告变现来实现商业价值。通过在自己的短视频中植入广告或者与品牌合作，小陈可以获得一定的广告费用。这个方式可以让小陈在保持创作自由的同时，也能获得一定的收益。不过，如何呈现广告，不让粉丝被广告吓跑，是小陈需要深入考虑的。

还有朋友建议小陈考虑电商带货。小陈可以在自己的短视频中展示并推销产品，引导粉丝购买。这需要小陈具备一定的电商运营能力，也需要小陈对产品和市场有一定的了解和把握。

听完朋友们各式各样的建议后，小陈意识到流量变现并不是一件容易的事。他需要综合考虑自己的兴趣、特长和市场需求，选择最适合自己的变现方式。同时，他也要保持敏锐的市场洞察力，不断调整和优化自己的变现策略。

接下来，我们将详细讲述短视频平台的 N 种变现方式，以给广大的短视频创作者提供一些思路。

独家签约：从此有了"金饭碗"？

如今，短视频的竞争越来越激烈，为了提高自己的市场竞争力，各短视频平台纷纷与短视频作者进行独家签约。对于短视频作者来说，独家签约不仅能够变现，而且还能够获得平台的流量扶持，甚至在内容创作上也能得到平台的指导。从这个意义上来说，短视频作者与某个短视频平台进行独家签约后，也就有了"金饭碗"。

当然了，虽说从某种意义上来说，独家签约后，就有了"金饭碗"，但并不是说有平台抛出"橄榄枝"，我们就赶紧接受，而是要从多个方面进行分析，判断自己是否适合独家签约，然后再做出决定。

如果你打算，或者正在做短视频，可以从现在开始就思考以下几点。

第一，你签约的平台是否适合你。就当前比较主流的几个短视频平台来看，各个短视频平台的"调性"是不同的，相同的内容，投放到不同的短视频平台，效果也是不同的，甚至有时天差地别。我们在做短视频之前，都需要了解各个短视频平台的"调性"，在投放短视频的时候，也会做一些微调，但短视频整体的风格改变不会太大，在这个过程中，我们能够逐渐验证出我的短视频更加适合哪个短视频平台。如果和我们签约的平台恰好是最适合我们的平台，我们可以顺水推舟，和平台签约，但如果不是最适合我们的那个平台，这时就需要我们再做进一步的思考（也就是第二点）。

第二，你的内容风格能否根据平台的属性做出改变。如果和你签约的平台不是最适合你的平台，甚至是短视频反馈效果最差的平台，这时，你就要深入分析这个平台的"调性"，判断自己的内容风格是否能够根据平台的属性做出改变，如果能够改变，可以考虑签约，如果不能改变，还需要谨慎考虑。至于考虑哪些？因人而异，但究其根本，无非就是看你自己的追求。

第三，粉丝的得失。粉丝有平台属性，有些人习惯看某个短视频平台后，看其他短视频平台的时间会大幅度减少，这就是粉丝的平台属性。当你和某个短视频平台签了独家协议后，你就不能在其他短视频平台发布短视频了，一些平台属性比较强的粉丝，可能就会放弃关注你，尤其当你跟随平台的"调性"作出改变后，大概率会失去一些原来的粉丝。当然了，在平台的扶持下，你也会获得一些新的粉丝，但获得新的粉丝数量能否超过失去的粉丝数量，这是未知的。对于这个未知，你也要考虑清楚。

其实，讲了这么多，无非就是一个权衡利弊的过程。因为独家签约这件事，表面上看是你有了"金饭碗"，是一件好事，但分析完之后，你会发现，这是一件利弊兼有的事情。在这里，我无法给出你准确的答案，是利大于弊，还是弊大于利，最终的答案还是要靠你自己得出。

无论最后你做出怎样的选择，有一项铁则是永远也不能打破的，就是前面我们讲到的"内容为王"。签约之后，虽说有了基本的保障，也完成了初步的变现，但要想做得持久，必须深耕内容，持续输出优质的内容。如果没有签约，更是要深耕内容，持续扩大自己的影响力，然后通过其他途径更好地变现。

在独家签约这件事上，还有一个方向也值得考虑，那就是以主播的身份和平台签约。签约之后，主播首先会从平台得到一笔签约费，签约费的多少根据主播的影响力而定。此外，主播在直播的过程中，用户会给主播打赏，主播会从用户的打赏中获得一部分的分成。用户打赏通常以虚拟礼物的形式体现，用户花钱购买虚拟礼物，然后将虚拟礼物打赏给主播，最后平台根据主播得到的虚拟礼物计算主播的分成。

📹 直播带货："直播"也要"设计"

直播带货，想必很多人已经非常熟悉了，但它的本质是什么？可能很多人并没有深究过。其实，镜头前卖货这种形式，在很多年前就出现了，它就是电视购物。一直到今天，电视购物也没有消失，但相较于直播带货而言，电视购物缺乏互动性，而缺乏了互动，就很难提高用户的好感度或信任度，这导致用户即便对该产品有需求，可能也会因为"不放心"而放弃购买。直播带货解决了这一问题，用户有什么疑问，可以实时询问，主播会为用户一一做出解答，打消用户的疑虑。这种互动性在一定程度上还原了线下购物的场景，与单纯的网上购物相比，用户的购物体验更好。

除了互动这一优势外，直播带货还有一个优势——价格低。主播在直播间带货的模式以厂家直销为主，即主播的合作商是制造产品的厂家，而非中间商，少了中间渠道，价格就可以压得更低。对于用户来说，能够以更低的价格买到产品（质量有保障是前提），何乐而不为呢。

综合上面的论述，我们可以把直播带货的本质概括为三个"通过"：通过屏幕完整地展示、介绍产品；通过互动解答用户疑问，提高用户信任度；通过低价促使用户购买。

目前来看，直播带货是电商各种"玩法"中最"火"的一种，对于外行人来说，直播带货看起来非常简单，主播在镜头前介绍各种产品，用户下单购买，交易达成。但其实，直播带货是一件非常难的事情，看似是直接卖货的"直播"，其实包含着很多"设计"在里面。

直播带货前的"设计"

我们看到的直播带货就是主播在直播间售卖产品，但这其实只是整个流程中的一环，在开播前，还有很多的"设计"工作要做，其中，选品、直播预热、脚本设计是最重要的三项。

1. 选品

对于主播来说，选品非常关键，产品选对了，可以持续提高主播个人 IP 的影响力，选品不对，会降低用户对主播的信任度，从而影响主播的个人发展。选品的方式有很多，但必须遵守下述三个标准。

标准一：产品质量过关

产品质量是主播选品时第一个要参考的标准，因为只有产品质量过关，才能与用户建立信任关系，并收获良好的用户口碑；相反，如果产品质量不行，粉丝的信任度会越来越低，口碑也会越来越差。

标准二：产品价格合适

在把控产品质量的基础上，做好产品的价格定位。一般来说，产品的价格越便宜，越容易吸引消费者，但不能为了获得低价格，放松对产品质量的把关，这显然违背了第一条参考标准。其实，消费者也都明白"一分价钱一分货"的道理，所以在价格定位上，没必要一味地追求低价格，一定要确保产品质量，在此基础上给用户一个优惠价。

标准三：产品与个人 IP（账号定位）较匹配

如果能够做到前面两点（质量过关、价格合适），其实，选品这一步基本算是完成了，也能够给自己和粉丝一个交代。在此基础上，如果能够做到产品与个人 IP（账号定位）较匹配，将非常有利于账号的发展以及个人 IP 的打造。在购买某样产品时，消费者的普遍心理是更加信任专业的人士，所以，如果你直播间售卖的产品和你的个人 IP（账号定位）较匹配，用户会更加信任你，因为你在这个领域更加的专业。比如，一个做"宝妈"账号的博主，带货母婴类的产品，要远比一个做"美妆"账号的博主更有说服力。因此，如果有可能，可以带货与个人 IP（账号定位）较匹配的产品，如果不具备这个条件，一定要做好前面两点。

2. 直播预热

在直播前，要先做预热，这关乎直播的效果。

在开播前一周左右，运营人员可以开启直播预热，告知大家直播的具体时间。对此次直播感兴趣的用户，可以点击预约按钮，在直播开始前和直播开始时，他们都会收到直播邀请通知。开启了直播预约后，主播可以根据预约的人数判断本次直播大概有多少人参与，以此来初步策划是否需要在直播中增加一些环节。

直播预约按钮一般在博主的主页，如果用户不点进博主的主页，可能无法获知博主的直播消息，所以，为了让更多的用户知道，在开播的前三天，还需要制作一个预告视频，告诉用户开播的具体时间。为了调动用户参与的积极性，博主可以在预告视频中设置一些如"优惠""福利""抽奖"等关键词。

如果博主已经有了一定的私域流量，在直播预热阶段，可以在私域流量里散播直播相关的消息，调动私域流量去支持自己的直播。

3. 脚本设计

直播也需要脚本设计，它可以帮助主播最大限度地避免各种意外情况的发生，促使直播顺利进行。直播脚本没有固定格式，不过可以参照下面的模板，提高脚本的设计效率。

直播脚本设计模板

*** 直播脚本	
直播主题	***
主播	***
主播简介	***

续表

直播流程	（1）直播准备工作：人员分工、产品检查、直播设备检查。 （2）开播后的预热：主播自我介绍，与观众适度互动。 （3）直播活动介绍：简要介绍本次直播的流程、有哪些福利。 （4）讲解产品：开始讲解产品，尽可能讲得详细些。讲解的过程中要全方位地展示产品，突出产品的卖点。 （5）产品现场测试。现场测试产品，如试吃、试玩、试用。 （6）上架产品：告诉用户有哪些优惠，然后上架该产品（所有产品都是按照（4）（5）（6）的流程）。 （7）用户互动：从直播开始，一直要与观众互动，引导用户观看直播间；在讲解产品的时候，更要留心观众的疑问，最大限度地打消用户的疑虑。 （8）抽奖：在直播的过程中，每隔一段时间，设置一次抽奖活动，目的是把观众留在直播间。 （9）结束直播：如果有下次直播，可以预告下次直播的内容。

直播带货中的"设计"

直播带货过程中，主播的"设计"可以从销售话术和福利活动两个方面着手。

1. 销售话术上的"设计"

在直播间，主播的销售话术也是有讲究的，目的不同，使用的话术也存在差别。

（1）突出产品质量的话术

产品的质量越好，观众的信任度越高，越容易购买该产品。所以，在介绍产品的时候，可以使用一些话术，突出产品质量，打消观众的后顾之忧。

下面这些话术可以作为参考：

这款产品是经过 *** 机构检验的，绝对符合 *** 标准，大家可以放心购买。

这款产品的好评率非常高，顾客回购率也很高，大家用了绝对不会后悔。

这款产品的销量非常好，上个月卖出了 ** 份，几乎没有差评。

这是 ** 的一款经典产品，买它，肯定没错。

需要注意的是，主播直播间售卖的产品质量确实有保障，否则这些话术就成为虚假宣传了。

（2）搭建销售场景的话术

有时候，直接介绍某个产品，显得太乏味，难以调动观众购买产品的情绪，此时，可以运用搭建场景的话术，把观众带入某个场景中，让观众联想到自己使用这个产品的场景，从而促使观众购买该产品。搭建销售场景时，可以从产品的材质、功能、使用人群、使用效果等多个角度入手，场景越生动，观众购买的可能性越高。

下面这些话术可以作为参考：

结束了一天繁忙的工作，回到家，不用你自己动手，只需要喊一声 **（某个智能家电的名字），它就可以帮你 ***。

所有女生看过来，如果你有计划见你男朋友的父母了，这件衣服非常适合你，既不会显得太小家子气，也不会显得太高调。

小时候，我们在外面玩了一个下午，回到家，天已经有点黑了，客厅里，那盏灯像往常一样亮着，妈妈看到你回来，叮嘱你赶紧洗手，洗完手，你看到饭桌上热腾腾的大米饭，米香味瞬间飘进了鼻子里。

（3）促使成交的话术

促使成交的话术旨在激发观众的购买欲望，让用户觉得"买到就是赚到"，以此促成交易的达成。

下面这些话术可以作为参考：

这款产品在官网上的售价是 ** 元，在我们的直播间，今天只需要 ** 元，整整便宜了 ** 元。

我们与品牌方建立了长期合作关系，品牌方愿意给我们最低价，这是我为所有家人们争取到的。

在直播间，如果你购买两件产品，第二件只需要一折，几乎就是买一送一了。

（4）催单话术

如果使用了上述话术，效果不是非常理想，可以再适度地使用一些催单话术，促使一些正在犹豫的观众下单。催单话术的目的就是制造紧迫感，让观众觉得再不买，就没有机会了。催单话术可以从"限量""限时"两个角度出发。

下面这些话术可以作为参考：

这次我们只申请到了 100 单的优惠，这是我为铁粉们申请的福利，喜欢的家人们小黄车走起。

只剩下最后 ** 单了，家人们要抓住机会啊，错过了，不知道什么时候还能有这么大的优惠力度。

活动只有三分钟，结束了，就没有了，家人们抓紧啊。

不到一分钟就没了，如果有人还想要，我去帮你联系，看看能不能再上一次小黄车。

（5）完单话术

某个产品销售完之后，还可以运用一些完单话术，给观众营造一种直播间非常火热，产品卖得很快的感觉，促使后面的产品更快成交。

下面这些话术可以作为参考：

感谢家人们的信任，** 这款产品已经抢光了，感兴趣的可以关注主播，下次再有这款产品，我会提前通知大家。

没想到大家的手速这么快，还没到一分钟就抢没了。没想起的家人们不用担心，后面还有更大的惊喜等着你们。

主播也没有办法，** 这款产品我们只申请到了 100 单的福利，抢完了就真的没有了，如果家人们真的想要，关注主播，主播下播后为大家再去争取一些。

2. 福利活动的"设计"

直播间怎么才能留住观众，一个有效的途径就是在直播的过程中设置一些福利活动。目前，秒杀和抽奖是两类比较常见的活动形式。

（1）秒杀

秒杀就是在直播间设置一些超低价的商品，以此来吸引更多的观众，提高直播间人气。因为秒杀商品的价格非常低（如一分钱、一元钱、9.9元），所以商品一上架就会被抢购一空，主播要利用好这个机会，活跃直播间的氛围，把观众尽可能多地留下来。另外，还可以把秒杀活动设置成每半个小时一次，因为没抢到秒杀商品的观众里，有一部分会想着参与下一波的秒杀活动，这样，就可以留住这部分观众。为了提高直播间的粉丝数量，还可以设置为观众直播间的粉丝才能参与秒杀活动。

（2）抽奖

抽奖同秒杀活动的目的一样，都是为了提高直播间的人气，留住观众。抽奖的"玩法"有很多，比如，从观众的评论这抽取幸运用户，送出奖品，这一方法可以促使观众在评论区发言。有时候，可以设置一个比较诱人的奖品，然后给抽奖设置一些门槛，比如，购买了直播间的任一产品后才能抽奖。

直播后的复盘

直播结束并不意味着直播工作的结束，主播需要进行复盘，发现直播过程中的问题，为下一次直播更好地展开打下基础。直播复盘时需要分析两类数据：互动数据、直播带货数据。

1. 互动数据

直播复盘时要看的互动数据有很多，每一项数据都要进行详细分析，从中发现需要改进的地方。

直播间需要分析的互动数据

需要分析的数据	详细说明	分析的作用
累计观看人数	从直播开始，到直播结束，观看直播的总人数	通过分析直播间的累计观看人数，可以初步了解直播间的总流量，判断本场直播的吸引力如何
总点赞数	整场直播中点赞的总量	通过分析直播间的总点赞数，可以初步判断本场直播是否受到观众的喜爱，观众是否愿意点赞
点赞观看比	整场直播中点赞人数与累计观看人数的比值	通过分析直播间点赞观看比，可以进一步判断观众对本场直播的喜爱程度
观看人数变化量	整场直播不同时间段观看人数的变化情况	通过分析观看人数变化量，可以知道哪个时间段的内容更受观众喜爱
人均观看时长	每个人在直播间停留的时间	通过分析人均观看时长，判断直播间的留人能力，如果人均观看时长过低，说明直播间留人能力较弱，主播、场景布置、福利等方面的内容需要优化
新增粉丝数	本场直播结束后，新增了多少粉丝	通过分析新增粉丝数，判断本场直播对非粉丝的吸引程度
评论数量	整场直播观众发出的评论总数	通过分析评论数量，可以初步判断观众与主播的互动意愿
评论关键词	在观众评论中，出现比较频繁的词汇	通过分析评论关键词，判断观众更关心哪些话题，后续的直播可以增加该话题的比重，甚至围绕该话题展开
观众性别占比	本场直播中男性、女性的占比	通过分析观众性别占比，可以初步判断本场直播是男性多还是女性多，分析原因，然后总结不同性别的群体更加喜欢哪些内容

2. 直播带货数据

直播复盘时要看的带货数据也很多，每一项数据都要进行详细分析，深入了解本场直播的销售情况。

直播间需要分析的带货数据

需要分析的数据	详细说明	分析的作用
成交金额	本场直播成交的总金额	通过分析成交金额，初步判断本场直播的利润情况
销售量	产品的销售总量和各个产品的销售量	通过分析总销售量，初步判断本场直播的销售情况；分析各个产品的销售量，判断哪个产品是爆款
客单价	购买产品的观众的平均购买价格	通过分析客单价，可以知道观众的平均消费水平
成交率	购买产品人数和进入直播间人数的比值	通过分析成交量，可以初步判断直播间观众的购买意愿
成交粉丝占比	成交人数里，粉丝的占比	通过分析成交粉丝占比，了解哪些人购买了直播间的产品，如果粉丝占比较大，说明粉丝信任度高，但同时也说明，产品对非粉丝的吸引度较差
点击－成交转化率	点击产品链接中购买产品人数与点击产品链接人数的比值	点击产品链接的人一般是有购买欲望的，通过分析点击－成交转化率，可以初步判断这些观众的最终购买率，如果购买率低于 10%，说明产品详情页的设计可能存在问题

知识付费：让你的知识更有价值

在任何时代，知识都是有价值的，但在很多时候，很多具有专业知识的人缺乏一个展示的平台，这导致他们的知识没办法发挥更大的价值。短视频为这些人提供了一个平台。如果你觉得你在某个领域超过了绝大多数人，或者掌握了专业的知识、专业技能，可以尝试知识付费这条变现之路，让你的知识更有价值。

既然这是条变现之路，那么首先要做的就是了解什么是知识付费。目前来看，知识付费的内涵在不断丰富。以前，知识付费就是用钱买知识，比如花钱购买课程，如今，任何依靠知识促使用户消费的行为都可以看作是知识付费。基于这一认识，我将知识付费分成两类去解读。

传统意义上的知识付费

传统意义上的知识付费主要包括三种形式：课程付费、咨询付费、版权付费。

传统意义上的三种知识付费形式

1. 课程付费

课程付费是最常见的一种知识付费形式，说白了，就是"卖课"。卖的课程也有两种形式：一种是已经制作好的课程，用户花钱买了课程之后，随时可以听；另一种是在线课程，用户花钱买了课程之后，需要在规定的时间听课，如果超过了这个时间，用户可以听回放，但无法和主讲人以及其他学员互动。

第一种课程形式中的知识通常不具备时效性，今年听，明年听，对于用户来说，没什么差别。例如，罗翔老师在 B 站开了一门名叫"刑法悖论十讲"的课程，这个课程是和刑法相关的，虽然刑法也会更新，但更新的频率较低，所以课程几乎不具备时效性，用户什么时候听课程都一样。

第二种课程形式中的知识通常具有时效性，越早听到，越早将这些知识运用到实践，回报越大。比如，在自媒体快速发展的阶段，很多互联网界的大佬开设了"如何靠自媒体赚到第一桶金"类似的课程，因为自媒体的发展非常快，"红利"转瞬即逝，一旦错过，只能再等下一波"红利"。所以，类似的课程一定要尽早听，避免"红利"流走。

2. 咨询付费

随着互联网的发展，人们获取信息的渠道逐渐多样化，对于线上咨询，人们的接受程度也越来越高（但还没有很高）。相较于其他形式的线上咨询，依托于短视频发展起来的线上咨询更容易达成，因为咨询者和被咨询者交集的产生不是从咨询开始的，而是从短视频开始的。传统的线上咨询方式，在咨询之前，咨询者和被咨询者之间没有任何的交集，咨询者对被咨询者往往缺乏一定的信任，咨询者往往会比较犹豫，这也是当前人们对线上咨询接受程度不是很高的一个重要原因。

短视频兴起之后，一些拥有专业知识的人开设了短视频账号，开始在账号中发一些和专业知识相关的内容。用户刷短视频的时候，看到了这些内容，当时可能并没有咨询的需求（或者说咨询的需求不是非常迫切），但很喜欢短视频的内容，便关注了博主。随着时间的推移，用户对博主的信任度越来越高，成了博主的铁粉。之后，当用户产生了咨询的需求，会第一时间想到博主，由于对博主非常信任，所以对于付费咨询也不会抵触。所以说，要想借助短视频实现咨询变现，一定要做好短视频的内容，能够吸引到用户，同时做好粉丝维护，提高粉丝对自己的信任度，这样粉丝也更愿意为你的服务付费。

3. 版权付费

版权付费是知识付费里的一种特殊情况。对于创作者创作的短视频内容，创作者享有著作权，谁也不能侵犯，如果有人要使用，创作者可以售卖版权，从而得到收益。比如，一个音乐类的博主，在他的账号上发布了一首自己的原创歌曲，其他人或者平台要想使用这首歌，就需要获得作者的授权，而作者可以将这首歌的版权售卖，实现版权变现。

需要注意的是，在互联网时代，信息传播的速度非常快，很多短视频创作者面临着被侵权的情况，为了更好地维护自身权益，创作者在创作之初，便留好相关的证据，一旦遇到被侵权的情况，就拿起法律的武器，勇敢地维护自身权益。

上面提到的是一种比较直接的版权变现方式，还有一种间接的版权变现方式——出版变现。有些短视频创作者会将自己的短视频内容整理成书出版，靠售卖图书获取收益。虽说和短视频相比，图书没有那么形象，那么直观，但更加系统，一本书便可能将整个知识体系中的知识包罗进去，用户不需要再一个个地去找短视频。

还有一些短视频创作者，他们出版的图书和他们的短视频没有任何关系，但因为个人 IP 的影响力很大，所以当他们要出版图书时，会吸引很多人的关注，销量一般也比较好。例如，戴建业教授（一个有个性、有才华、精神饱满、总是充满笑容的老教授）在各个短视频平台都很火，有很多的粉丝，目前为止，他已经出版了《老子的人生哲学》《老子现代版——老子智慧的现代转换》《孟郊论稿》等十多部学术著作，对于很多粉丝来说，这些著作太过专业，可能会不感兴趣，但他写的《一切皆有可能》《假如有人欺骗了我》等杂文随笔集却很受粉丝们的欢迎。

更广泛意义上的知识付费

更广泛意义上的知识付费是什么？简单来说，就是不售卖知识，而是靠知识吸引用户，然后促使用户消费。最具代表性的就是"东方甄选"的"董宇辉"，很多人去他直播间，都是冲着他渊博的学识去的，而他在介绍产品的时候，不会只局限在产品的介绍上，他会从产品出发，讲很多发人深省的内容。听着听着，很多人都会被他的人格魅力折服，然后购买他直播间的东西。

例如，有一期直播中，他接到了卖 100 单五常大米的任务，接到这个任务后，他没有丝毫犹豫，开始围绕大米讲各种知识。下面这一段，就是他在直播间讲的。

大概在一万年前，新月湿地，就是现在的两河流域和埃及幼发拉民格里斯这里，人类驯化了小麦，但赫拉利觉得，是小麦驯化了人类，而不是人类驯化了小麦，因为以前我们学会了直立行走，为了种小麦你弯下腰去。亚洲的另一端，一万年前，中国人驯化了水稻。人类一共有700万年的历史，真正重要的只有一万年，一万年的历史很久，但我只爱与你在一起的每一分每一秒、每一朝、每一夕……每当你觉得未来黯淡无光，没有希望的时候，请你记得，有7000亿颗原子，只为你一个人而活，如果把你身体的DNA连成一条线，你可以从地球一直到冥王星，所以你自己就能完成星际穿越，你很美好，就像顾城的那首诗——我们生如蚁，而美如神。请你记住这一点，你不要太灰心丧气……去年中国人的平均寿命是78.1岁，你还有足够多的时间，攀一座山，爱一个人，买一单五常大米，跟爱的人，煎一次牛排，吃一碗香喷喷的米饭，平安喜乐地过好你这一生，这就是浪漫。

上面这段，只截取了董宇辉原话的一部分，但只从这简短的一部分，也能够感受到董宇辉知识的渊博。另外，我们还能从他的话语中感受到治愈，产生情感上的共鸣，从而愿意在他的直播间购买产品。当然了，董宇辉并不是靠知识给你洗脑，让你一直买、买、买，他经常劝大家理性购物，如果不需要，就不用购买。像这样一个知识渊博，三观正，又能够为用户考虑的主播，怎么会不受大家的欢迎呢。

与前面提到的传统意义上的知识付费相比，像董宇辉这种靠知识赋予个人和产品价值的形式，对知识专业性的要求没那么高，但要求你有广博的知识储备。要做到这一点，并不简单，需要我们静下心来，持续地积累。

广告变现：不要让广告吓跑粉丝

当你通过优质的短视频收获大量粉丝后，会有人主动找你进行商务洽谈，最常见的就是替他们的产品做推广，通俗来说，就是给他们的产品打广告。当然了，你也可以自己寻求广告主或代理商，通过打广告的方式实现变现的目的。其实，广告变现的实质是双赢，一方获得收益，另一方获得曝光率。

在当前的市场环境下，短视频博主借助广告变现的形式多种多样，常见的有如下四种。

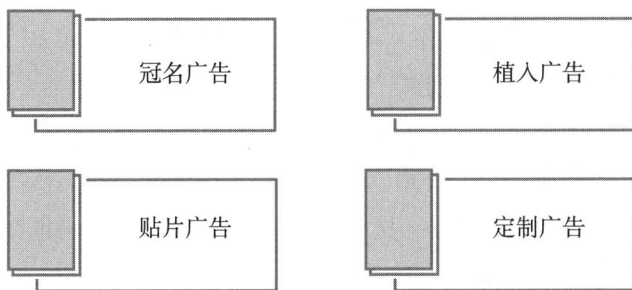

冠名广告	植入广告
贴片广告	定制广告

广告变现的四种形式

1. 冠名广告

经常看综艺节目的人，对于冠名广告肯定不陌生，冠名的目的往往是为了提升品牌知名度。在短视频行业，冠名广告运用得相对较少，一般在一些大博主的固定节目中才会出现这种广告形式。比如，"美即面膜"曾经冠名了博主"papi酱"的一档固定节目——"papi酱的周一放送"，在节目名"papi酱的周一放送"上面，可以清楚地看到"美即面膜"四个字。

为什么在短视频行业，冠名广告运用得较少，因为相较于传统媒体而言，短视频平台的传播效果不稳定，但即便是这样，要冠名一个短视频博主的节目，还是需要投入较多的资金，所以更多的品牌方还是喜欢在传统媒体的节目上冠名。另外，很多博主都很在意自己的个人IP，如果接受了品牌方的冠名，肯定要将品牌方的名字或者logo等放在显眼的地方，这可能会引起粉丝的反感，从而影响自己的个人IP。

在短视频平台，还有另一种特殊的冠名方式（这种冠名方式和博主的广告变现无关，所以只简单讲讲），品牌方不冠名某个博主，而是直接建立一个话题，博主参与话题，有机会获得品牌方设置的奖品，而品牌方靠着众多博主的参与，实现宣传和曝光的目的。

2. 植入广告

植入广告是把广告内容植入短视频，分硬植入和软植入两种。

硬植入，突出的就是一个"直接"，产品信息会在短视频中直接展示出来，并罗列出产品的各种优点。硬植入可以更好地满足客户要求，达到推广产品的目的，但也容易造成粉丝（包括还没有成为粉丝的用户）的抵触。

软植入，突出的是一个"含蓄"，广告信息很好地隐藏在短视频中，追求的是一种"润物无声"的传播效果。相较于硬植入，软植入更容易被粉丝（包括还没有成为粉丝的用户）接受，对短视频内容的影响也很小，但在宣传效果上可能要稍差一些。

除了从"软"和"硬"的角度划分，还可以植入的渠道划分，将广告植入分为场景植入、台词植入、道具植入等。

场景植入：在短视频的场景中植入产品的广告牌、logo等比较显眼的内容，让用户看到。

台词植入：在演员的台词中植入产品信息。硬广的话，演员一般直接念设计好的广告词；软广的话，会比较隐晦，可能只出现产品的名字或者一个简短但正向的评价。

道具植入：产品以道具的形式出现在短视频中，如演员吃的东西、穿的衣服、开的车等，都可以植入广告。

3. 贴片广告

贴片广告是指在短视频的开头或者结尾（结尾居多）播放一段广告。对于短视频创作者来说，这种广告变现的方式操作起来比较简单，因为广告放在短视频的结尾，创作者在创作短视频内容的时候，不用考虑怎么把广告内容融合进入，只需要正常创作短视频即可。当然了，有些时候，短视频的内容需要和产品有一定的关联性，这时候还是要考虑如何创作短视频的内容，但与植入广告相比，还是会省事很多。

一般情况下，贴片广告的时长以 5 ～ 10 秒为宜，太短，无法清晰地传达产品信息；太长，又容易引发用户的抵触心理。

4. 定制广告

定制广告是指专门针对某个品牌或者某个产品定制的广告。因为针对性很强，定制广告能够非常完整地传达出品牌优势或产品信息，但由于定制广告的要求非常高，而且要做出非常有创意的内容，才不会被用户反感。如此高的难度，直接劝退了很多短视频创作者，这使得定制广告与冠名广告一样，在短视频行业运用得也比较少。

无论采用哪种形式，有一点是博主必须思考的：怎样做，才能不让广告吓跑粉丝？

广告，大多数人都比较反感，但其实也分情况。作为短视频用户，我们希望看到优质的内容，但优质的内容不是凭空产生的，博主也是人，他也需要生活，更需要一定的经济基础去支撑他创作优质的内容，所以。对于短视频博主打广告这事，短视频用户的包容度其实并不低，粉丝的包容度就更高了。所以，作为博主，不用害怕接广告，只要做到如下四点，不仅可以实现广告变现的目的，也不会吓跑你的粉丝。

第一，保持节制，不能急功近利。有些短视频创作者，看到粉丝有了一定的积累，便开始大量接广告，每次更新的内容都含有广告。作为粉丝，一次两次还可以接受，每一次都有广告，而且短视频的内容质量也不高（很明显是为了迎合广告的需求创作的），粉丝的信任度会越来越低，取消关注的粉丝也会越来越多。与此同时，由于短视频的质量较差，也无法吸引新的用户，粉丝数总量在不断减少，收益也随着粉丝数的减少不断降低。其实，每一位正在成长中（已经有了一定的粉丝积累）的短视频创作者都面临着一个问题：是尽快变现，还是把变现的脚步放缓。我的观点是放缓脚步，可以变现，但不要急功近利，要保持好节奏，确保自己可以走得更远。

第二，内容永远是主体。前面我们说过，在短视频行业，有一个铁则——内容为王，只有你的内容足够优质，才能持续吸引用户，提高粉丝黏性，最终"做大做强"。在做广告的时候，也要坚持这一准则，把短视频的内容作为主体，而不是把广告作为主体，切勿本末倒置。

第三，做有创意的广告。短视频用户们喜欢有创意的内容，这一点放在广告上也是适用的，所以，如果你的广告能够做得非常有创意，哪怕每一期都包含广告内容，相信你的粉丝也不会反感。例如，"手工耿"有一期短视频接了一个游戏厂商的广告，在这个游戏里有很多的机甲，"手工耿"参照游戏里的一个机甲角色自制了一个"农药机甲"（可以穿上，作用是穿着他打农药，不用担心农药会飘到身上了），机甲非常炫酷，翅膀能够打开（当然，不能飞起来），还有外放的音响，但它的作用却是"打农药"。炫酷的外形＋搞笑的用途，产生了非常强的"节目效果"，弹幕、评论充满了欢乐，没有人反感广告，甚至有粉丝留言说"这么有创意的内容，打广告我都愿意看"。所以说，只要创意到位，广告什么的，也就显得无足轻重了。

第四，严格把关产品质量，不做虚假宣传。在接广告之前，要对生产厂家做严格的调查，了解厂家资质、产品质量、市场反馈等信息，确保自己推广的产品质量有保障。在推广产品时，也一定要真实地向用户介绍产品，不要做不符合实际的虚假宣传。这两点是"禁区"，一定不能触碰，一旦出现问题，账号很有可能会被封禁，自己的个人IP也会受到影响，得不偿失。

电商带货：买东西，去我的橱窗

当电商遇到短视频

电商，互联网时代的产物，我们熟悉的淘宝、京东、拼多多，都是影响力比较大的头部电商。随着短视频的兴起，电商的贸易模式开始发生变化，产品营销开始和短视频绑在一起，短视频平台随之具有了电商属性。

比如，抖音博主"是个土豆"有好几期短视频都是一个小男孩骑着玩具车载着金毛小狗狗的短视频，视频中，小男孩笑得非常开心，而后面载着的小狗狗前爪抱着小男孩，脸上的表情有点忧郁（好像在担心小男孩会翻车，或者自己从车上掉下去），短视频既有几分治愈（小男孩笑着，金毛小狗狗抱着小男孩的场景很像动画片中的场景），也有几分搞笑（金毛小狗狗的表情）。在这个短视频的左下角，有个橱窗，点进去，便可以看到橱窗里的商品，其中，便包括短视频这小男孩骑的玩具车。

像这种以短视频形式呈现商品，但没有直接推荐商品的形式在各个短视频平台非常常见。对于短视频用户来说，他们也知道博主"醉翁之意不在酒"，但如果故事很有趣，即便不需要该商品，他们仍旧会点赞、评论、转发，抬高短视频的热度。

当然了，有些短视频博主不会用故事去包装商品，而是直接在短视频中介绍商品，包括商品的功能、特点、质量等。这样的短视频目的很明确，就是在告诉短视频用户，我就是来卖东西的，而且我的东西很好，你买了绝对不会后悔。

比如，抖音博主"生活爱好者"有一期短视频展示的一款可以在浴室使用的手机支架，这个手机支架可以吸在墙上，还有一层透明的防水保护套，使用这个手机支架，就可以一边洗澡一边追剧了。在视频的左下角，有个橱窗，上面写着"视频同款点我"，点击链接之后，就可以跳转到该手机支架的购买界面。

和前面讲的那种形式相比，这种模式少了故事包装，但能够更直观、更全面地将商品展示出去，也能够在一定程度上激发用户的购买需求，促使成单。

上述两种形式都属于"短视频＋电商"的模式，与传统的电商模式相比，它有如下两个优点：第一，信息不对称。消费者在短视频中只会看到博主推荐的该类产品，不会有其他商家或者相似的产品供用户做选择，竞争变小。第二，在短视频内容的熏陶下，用户的购物需求更容易被激发，用户转化率更高。

开通你自己的橱窗

面对短"视频＋电商"的优势，我们该如何开通自己的橱窗，实现电商带货变现呢？

以抖音为例，开通橱窗只需要满足四个条件：

（1）粉丝数达到1000人；

（2）完成了实名认证；

（3）在抖音平台发布的短视频不少于10个；

（4）缴纳500元的保障金。

开通橱窗只是第一步，我们还需要在橱窗中放置商品，这时会出现三种情况。

第一种情况：无店铺、无商品

如果你没有店铺，也没有商品，此时可以添加别人的商品。当这件商品从你的橱窗卖出去之后，会支付给你佣金。

第二种情况：无店铺，有商品

如果你没有店铺，但是有商品，可以开一个"抖音小店"。抖音小店目前支持个人、个体户和企业户三种情况，如果你没有个体营业执照，可以开通个人的小店，而且抖音还支持"0 元入驻"，就是不交押金也可以开属于你自己的小店。如果你有个体营业执照，按照下面的步骤操作即可。

①打开"抖店 - 抖音电商入驻平台"，选择"个体工商户"选项。

②上传经营者信息（法人身份证正面、法人身份证反面、法人手持身份证）、营业执照信息（营业执照图片、营业执照类型）。

③填写店铺信息，包括店铺名称（普通店铺不能使用专营店、专卖店、旗舰店等名称）、店铺 logo、店铺主营类目等。

④填写店铺管理人信息（包括管理人姓名、手机号、邮箱）以及售后信息（包括售后负责人姓名、电话和地址）。

⑤平台审核，一般为 1 ～ 3 个工作日。等待审核期间，多关注审核情况，如果平台要求补充信息，尽快处理，缩短审核时间。

⑥进行打款验证。确保转款操作人是认证人，是一项提高转款安全性的举措。

⑦缴纳保障金。店铺经营的类目不同，缴纳的保障金也不同，一般按照商家所选类别的最高保障金进行缴纳。

⑧入驻成功，可以开始营业了。

第三种情况：有店铺，有商品

如果你有店铺，店铺里也有商品，此时，你可以把你的店铺添加到橱窗这。目前，淘宝、京东、唯品会、考拉海购等第三方购物平台的店铺都可以添加到抖音平台上。当然了，要满足以下几个条件：

（1）抖音平台目前只支持添加以 http 开头的域名，短视频账号运营者在添加商品链接时，一定要确保域名是 http 开头，而且是正确的，否则无法添加。

（2）售卖的商品不能是抖音平台禁售的商品。

（3）店铺的评分不能低于同品类店铺的平均分，否则，店铺中的商品也无法添加到抖音平台上。

（4）商品的推广标题中不能含有敏感字眼，否则也无法添加到抖音平台上。

目前，抖音平台的电商带货模式已经很成熟了，无论是哪种情况，都可以按照平台的提示进行操作，如果出现问题，可以咨询客服，帮你解决问题。

个人IP变现：你的IP就是资本

在你关注的博主里，有没有粉丝数量已经非常可观，但却不植入广告、不开橱窗卖货、不开直播卖货的博主呢？如果有，他的目的可能就是在打造个人IP。

打造个人IP是一件非常困难的事，需要你在某个领域具有足够的影响力，能够获得该领域大部分人的认可，否则只有你自己一个人"吹捧"自己，是很难形成个人IP的。所以，打造个人IP这条变现之路不能轻易尝试，但它的优势，也是其他变现路径不能比拟的。

个人IP一旦形式，你的IP就是你最大的资本，无论你干什么，都会有人关注你，支持你，因为他们对你足够信任，你做起任何事情来，也都事半功倍。举个最简单的例子，可口可乐大家已经非常熟悉了，只要有这个IP在，哪怕第二天可口可乐的工厂全部被烧毁了，这个品牌还是能够重新活过来。

如果你要打造个人IP，一定要记住，你的关注点是你这个人，而不是产品，这也是为什么很多打造个人 IP 的博主不会在账号开橱窗，不会带货卖产品，因为一旦有了产品，个人 IP 就不纯粹了，就容易跟产品绑定到一起，一旦产品出现问题，个人 IP 的打造也就失败了。

当然了，并不是说打造个人 IP 就不能和产品绑定，而是这个步伐一定要靠后，一定要在个人 IP 起来之后再去落实。

个人 IP 做起来之后，变现的渠道有很多，前面提到的知识付费、广告变现、直播带货、电商带货等渠道都可以走得通，其中，知识付费的风险相对较小，其他路径由于涉及产品，所以选品时一定要慎重，要爱惜自己的个人 IP，不能操之过急。这几种变现模式前面已经讲过，操作模式基本相同，在这里就不赘述了。下面，我们来了解两种只适用于个人 IP 的变现渠道。

第一种是打造自己的品牌。如果你的个人 IP 已经有了较大的影响力，可以打造自己的品牌。比如，罗永浩这个名字，从某种意义上来讲，就是一个超级大 IP。在智能手机快速发展的那几年，罗永浩毅然地投身到手机行业，开创了自己的手机品牌——锤子手机。凭借着罗永浩的个人口碑，锤子手机在手机行业有了立足之地，但手机的技术壁垒不是那么容易突破的，再加上手机行业已经有了很多家成熟的品牌，所以锤子手机前几年的路走得很是坎坷。2018 年，锤子科技铆足了劲，放话要做出一款具有革命性的计算平台，但结果却让人们大失所望，紧接着，锤子科技迎来了债务危机，最终，锤子科技宣布破产，锤子手机也逐渐消失在人们的视线里。

罗永浩的案例告诉我们，只要你的个人 IP 影响力足够大，哪怕是手机行业，你也能够撕出来一个"进场"的口子。当然了，对于做短视频的普通人来说，很难做到如此大的个人 IP，但我们可以在细分的小领域做出自己的个人 IP，然后在这个小领域打造一个品牌，收获属于自己的果实。

第二种是代言。代言这种变现模式在明星群体非常常见，但如果你的个人 IP 影响力足够大，同样可以通过代言的方式变现。比如，papi 酱曾给New Balance 的跑鞋做过代言。当然了，大部分人很难打造出像 papi 酱那么大的个人 IP，但同样可以以"推荐官""体验官"的形式代言某个产品。无论哪种形式，在选择代言产品时，一定要把控产品的品质，否则，产品一旦出问题，自己的个人 IP 也会跟着受影响。

💬 社群变现：打通社群付费通道

不同的社群，结构上存在一定的差异，所以在这里，我们只说普遍情况。一般来说，社群存在六种角色：领导者、组织者、求教者、围观者、氛围者、挑战者。不同的角色，发挥着不同的作用。

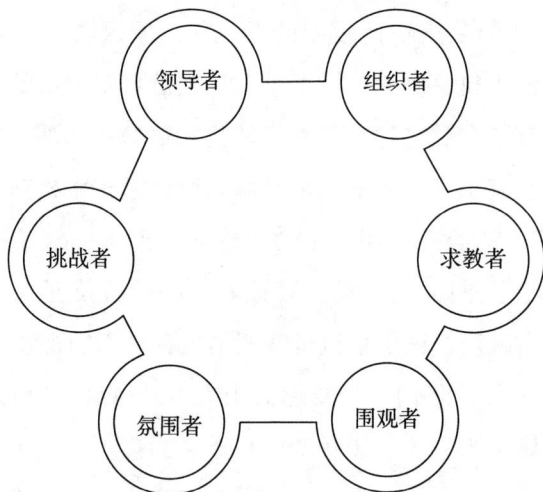

社群的结构

领导者：社群里的灵魂人物，加入社群的成员很多都是冲着他的名声来的。

组织者：负责社群日常的管理和维护。

求教者：在社群中提出各种问题的群体，希望能够得到其他人，尤其是领导者帮助的人。

围观者：这个群体习惯性潜水，偶尔在社群里说几句话。在这个群体中，有些人时刻关注着社群的动态，只是很少说话，有些人则不太关注社群的动态，只在空闲的时候看一下消息。

氛围者：他们在这个社群比较活跃，能够有效调节社群的氛围。

挑战者：对社群管理或者交流内容公开表示不满意的人。

在社群里，这六种角色可以同时存在，但领导者和组织者是必不可少的。另外，有些角色可以同时扮演多种角色，比如，领导者可以同时扮演组织者、氛围者的角色；有些角色还会发生转变，比如，当求教者在社群里的提问没有得到解答时，他可能会产生自己不被尊重的感觉，这时，他就有可能转变为围观者，甚至挑战者的角色。

还有一点非常重要，一定要设置群规，这样才便于更有效地管理社群成员。在管理的过程中，不可避免地会出现社群成员触犯群规的情况，这时，组织者一定要结合具体的情况灵活处理，一旦处理不好，可能会导致其他人退群，这不利于社群的持续发展。

社群变现的四种模式

以短视频为渠道，每个人都可以建立起属于自己的社群，虽然不同人建立的社群有不同的特征，但归根结底，其目标是一致的，那就是变现。目前，市场上常见的社群变现模式有以下四种。

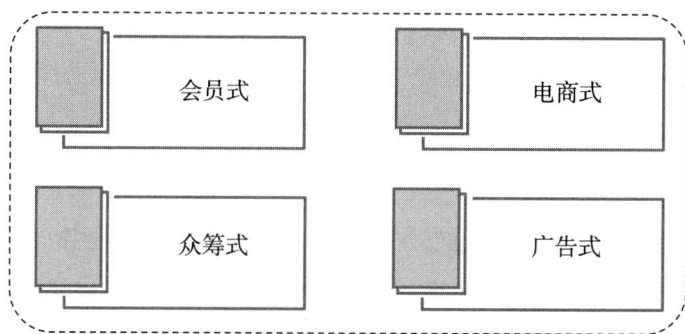

社群变现的四种模式

1. 会员式变现

会员式变现是指社群成员付费成为会员的一种变现模式。这种模式适用于服务类、资讯类社群，运营方能够给会员提供物有所值的服务或资讯，否则很难持续吸引社群成员付费。因此，运营该类社群的难度比较大，需要专业的内容团队和运营团队，能够持续地输出有价值的内容，只靠一两个人很难实现。

目前，会员式是比较流行的一种社群变现模式，而它普遍存在的问题就是，一旦社群成员付费之后，心态就会发生变化，他们会认为自己是服务的购买者，粉丝属性会降低，进而导致原来的情感联系变弱。为了最大限度地避免这种情况的发生，运营者需要付出更多的精力，维系住博主和粉丝的情感。

2. 电商式变现

电商是互联网时代的产物，而随着互联网的发展，电商可以"+"的内容越来越多。我们这里讲的电商式变现，就是"电商＋社群"的变现模式。与其他电商模式相比，"电商＋社群"的模式可以更加精准地把产品推销出去，因为能够加到你社群的成员，往往在兴趣或者需求上存在共同点，在推销产品的时候，便可以根据社群成员的兴趣或需求去推销。

为了更高效率地把产品推销出去，运营方需要给到较大的优惠，这和直播的套路一样，只有给到优惠，才更有吸引力，促使社群成员下单。在给到优惠的基础上，产品质量要有保障，这样才会有较高的复购率，否则，社群很快会消亡。还有一点需要注意，推销产品是以运营为前提的，没有运营的推销容易引起社群成员的方案，影响变现的实现。

3. 众筹式变现

众筹式变现是指在社群成员里众筹的一种变现模式。通常情况下，该类社群的成员都具有一定的商业头脑，他们加到该社区的目的是寻找好的商业项目，然后通过众筹的方式筹集启动资金，一旦项目获得成功，他们会从中获得分成，进而实现资本的增殖。对于运营者来说，他们可以把风险平摊到参与众筹的社群成员上，甚至可以零资金启动项目。该类社群运营的核心是赢得社群成员的信任，因为只有让他们信任，才愿意把钱投出来。

4. 广告式变现

广告式变现就是在社群里投放广告收取广告费的一种变现模式。这种变现模式适用于规模较大的社群。需要注意的是，粉丝加入社群的目的不是为了看广告，虽然很多粉丝能够理解博主靠广告赚钱的行为，但频繁地在社群里投放广告会影响社群成员的体验，这不利于社群的持续性变现。所以，在社群里投放广告一定要注意频率。另外，投放的广告最好能够和社群成员的需求相匹配，这样不仅可以提高转化率，还可以降低社区成员的反感度，尤其在运营者申请到较大的优惠后，可以把他当成一项福利送给社区成员。

维持社群活力，走可持续变现之路

社群变现不能做一锤子买卖，而是要走可持续变现道路，这就需要长时间维持社群活力。那么，该如何做，才能使社群长期保持活力呢？

第一，关注社群核心成员。在一个社群中，核心成员非常关键，他们是这个社群的积极分子，运营好他们，社群便可以维持一个基本的活跃度。在此基础上，再适当地采取一些措施，便可以使社群长期保持活力。另外，运营者也可以从核心成员那里及时获得产品反馈。运营是连接产品和用户的桥梁，他们要及时从用户那里获得产品反馈，然后对下一步规划做出调整。如果反馈不及时，一旦产品出现问题，造成的影响变大，公关的难度也会变大。所以，在运营社群时，运营人员要特别关注社群的核心成员，当发现核心成员的活跃度降低之后，要及时和他们沟通，了解他们的情况。为了维持住核心成员的活跃度，可以适当给他们一些福利，这是最直接，也是最有效的方式。

第二，关注社群成员需求。无论是在社群中推送内容，还是推送产品，如果能够满足社群成员的需求，无疑会起到更好的效果，从而使社群活力得到维持。人的需求不是固定不变的，所以运营者不能以最开始了解的需求作为恒定不变的标准，而是要每隔一段时间就要做一次数据分析，或者直接设计调查问卷，了解社群成员需求的变化情况。另外，人的需求是可以在一定程度上进行引导的，如果推送的产品与大部分社群成员的需求不相符，可以在推送产品前做一定的需求引导，降低他们看到产品推送消息时的反感度。

第三，设置激励制度。明确的激励制度可以提高社群的运营效率，也可以有效维持社群的活力。作为社群成员，他们加入社群，一定有某种目的性，当这种目的性弱化，或者目的没有得到实现之后，活跃度就会降低，甚至会退出社群。此时，激励制度便可以发挥作用。对于社群成员来说，留在社群没有坏处，虽然目的没有达到，但可以获得一些奖励，而且继续留下来，自己的目的还有实现的可能，何乐而不为呢。对于运营者来说，虽然要投入一些成本，但可以留住更多的成员，而且也可以促使更多成员积极参与活动，使社群持续维持活跃，同样也是何乐而不为呢。

第四，组织线下活动。上面提到的三点都是线上实行的措施，如果社群大部分成员都在当地，还可以适当组织一些线下活动。线下活动有助于拉近博主和社群成员的距离，还有助于拉近社群成员彼此间的距离。在互联网时代，很多人可能都有一个感觉，隔着冰冷的屏幕不知道如何沟通，打出的文字也是冰冷冷的没有情感，而线下真实的环境可以消除这些，让彼此之间的感情更加真实，从而增加社群成员的认同感和归属感。

聚焦本地：
打开"本地生活"新图景

第8章

小宋是一个热爱生活的年轻人，也是一名短视频创作者。他总是怀揣着满腔热情，用心地捕捉生活中的每一个美好瞬间。然而，尽管他付出了很多努力，他的短视频账号却一直不温不火。

一天，小宋在浏览短视频平台时，注意到了一个新的趋势：平台正在积极进军本地生活领域。他敏锐地察觉到，这可能是一个改变自己命运的机会。于是，他决定转型到本地生活上，尝试在这个新领域中寻找突破口。

转型并不容易，尤其对于一个之前从未涉足过本地生活的短视频创作者来说。小宋开始研究本地生活的市场需求和消费者心理，学习如何拍摄和编辑更具吸引力的本地生活视频。

经过一段时间的摸索和尝试，小宋逐渐掌握了做本地生活的技巧。他学会了如何挖掘本地文化的独特魅力，如何将商家的产品和服务以更加生动有趣的方式呈现给用户。他的视频内容变得更加丰富多彩，不仅有美食探店、旅行见闻，还有本地文化解读、生活服务推荐等。

随着时间的推移，小宋的账号比以前有了很大的起色。他的视频点击量和关注度不断攀升，粉丝数量也在稳步增长。更重要的是，他的视频开始为商家带来实际的客流量和销售额提升，他也因此获得了更多的合作机会和收入。

小宋的成功并非偶然，而是源于他对市场趋势的敏锐洞察力和勇于尝试的精神。在转型到本地生活领域后，他不仅提升了自己的创作能力和市场价值，也为当地商家和消费者搭建了一个更加紧密的连接桥梁。

要说近些年互联网上的热点，本地生活必然榜上有名。前有抖音强势入局，与各大团购平台硬刚，后有快手、小红书等短视频平台纷至沓来。目前，本地生活这个市场可谓是热闹非凡。那么，让各大短视频平台垂涎的本地生活究竟是什么呢？在这个市场上，有哪些玩家？又怎么样才能玩转本地生活呢？关于这些问题的答案，且让我们一一道来。

互联网平台纷纷入局的本地生活究竟是什么

在互联网语境中，本地生活是指通过线上平台将本地线下商户的信息呈现给用户的一种电子商务形态。比如，在抖音平台的"同城"界面，你可以看到有博主介绍当地的各种商户，包括娱乐、餐饮、住宿、美容，等等，你在刷同城的过程中，看到了博主介绍的某个商户，对此非常感兴趣，购买了该商户的服务，然后到线下进行了核验，这就是本地生活。

简单来说，本地生活就是一种打通了线上线下渠道的服务模式。对于本地的商户来说，获客是关键，也是一个难题；对于本地生活的居民来说，商家那么多，没有时间去一一了解。本地生活打通了线上线下渠道之后，商家有了更加精准的推广渠道（面向的群体都是本地的），用户节省了搜索商家的时间成本，看到感兴趣的，直接购买即可。

看到这里，有没有觉得这个模式很熟悉，它和兴趣电商很像，但又不完全是一样。为什么这样说，因为不同平台的本地生活在模式上存在差异。我们可以说抖音的本地生活就是兴趣电商的同城版本，用户刷短视频的过程中，潜在的消费意愿被激发，购买商家的产品或服务，只不过服务的最终端是在本地。美团的模式和抖音不同，用户通常是有了购买的需求后，到美团上去检索相关的产品或服务。不过，两种都有一个共同点，那就是本地生活的一个核心要素——本地。

可能你会觉得，本地生活当然指的是本地，这没有必要强调。的确是这样，但我们想通过本地这个要素，强调一下本地生活和"线上到线下"（Online to Offline，O2O）的区别。因为本地生活也是从线上到线下，所以本地生活刚出现的时候，有人用 O2O 来形容它。但 O2O 是没有本地、异地一说的，服务的最终发生地可以是本地，也可以是异地。比如，你在线上订购了异地的酒店服务，这也属于 O2O，但服务的最终发生地不是本地。后来，有了本地生活的说法，与 O2O 相比，该说法更能凸显该项服务的地域属性。

本地生活这片市场的规模巨大。艾媒咨询发布的《2023—2024 年中国本地生活服务行业市场监测报告》显示，到 2025 年，我国本地生活这片市场的规模将达到 2.5 万亿元。规模如此巨大的市场，也难怪各互联网平台纷纷入局。

对于传统生活服务行业来说，这是一次转型的机遇，但同时也是挑战，商家不仅要适应线下、线上服务方式的不同，也要做好迎接可能在未来出现的新变革、新玩法的心理准备，以便在这条赛道上一直跑下去。

本地生活的玩家有哪些

如今，本地生活这片市场的格局可以用"一超多强"来形容。"一超"指的是实力最强的美团，"多强"指的是阿里巴巴、京东、抖音、快手等实力强劲的企业。在这里，我们只对其中的一部分重要玩家进行介绍。

美团

在本地生活这片市场上，美团是目前市场份额占比最大的玩家。美团 2022 年的年报显示，本地生活的全年营业额达到了 2200 亿，同比增长 23%。在竞争如此激烈的情况下，美团的营业额依旧保持增长，可见，在本地生活这片市场上，美团的竞争优势依旧明显。

第一，美团有着成熟的技术支撑。从创立之初，美团给自己的定位就是一家科技企业，它也非常舍得在科技研发上进行投入，并取得了不错的成果。比如，在软件上，美团自主研发了订单配送和调动系统，这大大提高了订单配送的效率。2021年，美团把企业战略从"Food+Platform"改为了"零售＋科技"，进一步明确了科技在企业发展中的重要地位。

第二，美团有着比较高的用户黏性。在本地生活这片市场上，美团是入局比较早的，积累了大量的用户。用户在长期使用美团的过程中，形成了较强的黏性，很多时候，更倾向于用美团购买本地服务。

第三，大众点评App带来的优势。在现实生活中，人们进行线下消费时，经常会参考一些点评App的排名。在众多点评App中，大众点评的信誉度比较高，而大众点评作为美团旗下的产品，两者是捆绑在一起的，很多商家为了能够在大众点评上有自己的名字，会更愿意和美团合作。

当然了，虽说美团在本地生活这片市场上有着比较大的竞争优势，但同时也面临着巨大的竞争压力。早期有阿里巴巴和京东，现在又出现了抖音、快手等短视频平台。可以预见的是，在本地生活这片市场上，竞争将会以激励的姿态持续下去。

阿里巴巴

阿里巴巴和美团一样，都是本地生活的老玩家了，它的主力之一——饿了么，甚至早于美团的建立。然而，阿里巴巴本地生活的业务并不是一帆风顺的。在收购了饿了么之后，阿里巴巴把主打外卖服务的饿了么和主打到店服务的口碑合并，旨在形成本地生活服务矩阵，但由于种种原因的影响，这一目的并没有实现。2023年3月，阿里巴巴对本地生活的组织框架进行了调整，把高德、饿了么、口碑等板块整合到了本地生活这一板块，并且将本地生活的业务独立了出去。本地生活业务独立之后，不再会受到阿里巴巴其他业务的掣肘，但与此同时，独立运营也意味着它从阿里巴巴得到的各个方面支持也会减少，可谓是利弊参半。

京东

京东是电商行业的巨头之一，它是通过即时零售挤进本地生活这条赛道的。什么是即时零售，我们可以把他理解为外卖的进阶版。早期，外卖主要集中在餐饮领域，后来，人们的需求越来越多，希望商家能够提供除了餐饮之外的商品和服务，如药品、蔬菜、水果等，于是，即时零售产生了。

京东早在 2015 年就推出了即时零售业务——京东到家。依托于京东完善的物流体系，京东到家业务表现非常出色。后来，京东又将家政、家电家居、维修等业务纳入京东到家的范畴。到目前这个阶段，除了餐饮之外，京东已经介入了几乎所有的本地服务业务。

抖音

抖音在积累了大量的用户后，为实现流量变现的目的，开始逐步侵入各个领域，本地生活就是抖音瞄准的目标之一。2020 年年初，抖音开始尝试本地生活相关的业务，3 月份，推出了团购功能。后来，又逐步推出了门票预订、酒店预订等功能，同时鼓励用户拍摄探店视频。2020 年年末，抖音成立了"本地直营业务中心"，正是吹响了进军本地生活这片市场的号角。

与美团、京东等传统玩家相比，抖音的优势体现在其强大的算法，能够更精准地把商户推送给商家。但我们也应该认识到，短视频驱动的消费需求其实具备一定的冲动性，一旦商家提供的商品或服务与短视频介绍的有误差，用户基本不会再进行二次消费，所以，短视频驱动的消费需求也具备一定的不可重复性。如何解决这一问题，是抖音以及商家们未来要思考的。

快手

2019 年，快手开始进军本地生活，在其 App 内开放了本地生活板块，板块内主要包括美食、休闲娱乐、周边游和购物丽人四大类服务项目。2020 年，快手与去哪儿网、同程艺龙展开合作，继续探索如何开拓本地生活服务的路径。2022 年，快手组建了本地生活服务部，开始对本地生活这片市场进行独立的探索。总体而言，快手在本地生活业务上采取的策略和抖音有相似之处，核心策略也是通过短视频推广本地商户，所以，抖音面对的挑战，同时也是快手正在面对的挑战。

总之，在本地生活这条赛道上，玩家越来越多，而对于用户来说，其实可以从中得到的是更加多样化的体验。作为一名用户，我期待看到更多的玩家入局，这也能够让本地生活这条赛道的未来充满更多的可能。

如何玩转本地生活

如何玩转本地生活，这既是很多博主关心的问题，也是很多商家关心的问题。虽然博主和商家做同城号的主体不同，但目的是相同的，都是为了把线上的用户引流到线下的商铺，所以在玩法上总体思路是相同的。因为本书讲的是短视频营销，所以针对本地生活的玩法，也以短视频平台的同城号为主。

同城号主要包括达人号和商家号两大类。达人号就是那些拥有一定粉丝基础的抖音账号，我们在短视频里看到的各种探店视频，基本是达人号发出来的。在抖音，根据达人号的带货能力，可将其分为 8 个等级，如下表所示。

达人号的等级

单位：元

达人等级	有效交易额区间
LV0	0
LV1	（0，500）

续表

达人等级	有效交易额区间
LV2	（500，3 千）
LV3	（3 千，2.5 万）
LV4	（2.5 万，7.5 万）
LV5	（7.5 万，30 万）
LV6	（30 万，100 万）
LV7	（100 万 +）

商家号就是实体店商家自己开设的账号，如果能够做出自己的特色来，引流效果甚至比达人探店更好。

同城号运营技巧

同城号也是依托于短视频做内容的，在运营思路上，和短视频运营有着一定的相似性，只不过，同城号吸引的都是本地的流量，所以需要从"本地"两个字上做点文章。

第一，发布的短视频一定要带上定位，这样平台才会给你推荐本地的流量，本地的用户看到你短视频的时候，也能知道你推荐的商户是本地的。

第二，短视频的封面上可以带上本地元素，如城市的名字，城市的地标建筑，这样可以进一步强化同城号的本地属性，让用户看到你的短视频封面，就知道你在讲哪座城市。同城号的封面也需要做到风格统一。

第三，发布短视频时带上本地话题，可以插入已有的本地话题，也可以创建新的本地话题。这样做的好处是可以为你带来搜索流量。抖音虽然是一个短视频平台，但它同时也有着很高的搜索流量，很多人都养成了在抖音搜索的习惯，尤其在考虑和吃、喝、玩、乐相关的事情时，更倾向于在抖音上搜索。如果你的短视频带上了本地话题，用户在搜索相关话题的时候，便有可能看到你的短视频，这就是搜索带来的流量。

第四，可以适当使用方言。方言可以让用户非常直观地感受到，博主就是本地人，这可以拉近博主和用户的距离。但在很多一二线城市，外地人口的数量很多，他们并不懂当地的方言，所以不要每一条短视频都使用方言，而且在使用方言的时候，最好带上字幕。

上述四点就是做同城号的一些小技巧，操作起来并不难，但却可以帮助我们吸引更多同城的流量。

同城号运营的雷区

做同城号，同样有很多雷区，我们要提起足够的重视，避免自己的账号被平台封禁。

1. 词语、用语违规

使用下列词语、用语，属于违规行为。

（1）使用不文明用语、侮辱性词语；

（2）使用带有欺骗性的词语，如"免费领取""点击有惊喜"；

（3）使用恐怖暴力、淫秽色情、赌博迷信等相关用语；

（4）使用"性别歧视""民族歧视"等用语。

2. 侵权

下述行为，属于侵权行为，一定要避免。

（1）使用未经授权的第三方的名字、形象、音频、logo、视频等；

（2）盗用他人的原创短视频；

（3）未经原作者授权，对原视频进行修改和二次创作；

（4）抄袭他人原创短视频。

保持清醒：
不要被流量遮住了双眼

第 *9* 章

　　张总是一家初创 MCN 机构的老板，他深知在短视频领域，流量就是王道。为了获得更多的流量，他决定尝试一些新的、更具争议的内容，甚至在法律的边缘来回试探。一些低俗的、恶意炒作的内容逐渐成为他们的"卖点"。

　　很快，他们的"付出"得到了"回报"，公司的流量开始出现增长。张总认为自己掌握了"流量密码"，开始更加疯狂地带领团队制作各种能够吸引流量的短视频，哪怕是有损他人的名誉也不在乎。这时，团队里有人指出当前的做法不是长远之道，他们该尽快转型。然而，张总被眼前的流量所迷惑，他坚信只要流量持续增长，公司就能一直壮大。

　　直到有一天，一场突如其来的舆论风暴将公司推向了风口浪尖。一家权威媒体曝光了该公司突破道德底线的行为，引发了社会各界的广泛关注和谴责。随着舆论的持续发酵，公司的品牌形象受到了严重损害。大量粉丝取消关注，合作伙伴们也纷纷与其解约，生怕被牵连其中。公司的收入和流量急剧下滑。

　　面对困境，张总深感无奈和悔恨。他意识到自己为了追求流量而放弃了价值观和道德底线，最终导致了公司的覆灭。他开始反思自己的行为，试图挽回公司的颓势。然而，一切为时已晚。在舆论和道德的双重压力下，公司不得不宣布倒闭。曾经风光一时的 MCN 机构轰然倒塌，只留下了一个深刻的教训。

　　其实，在现实生活中，像张总这样的例子有很多。在互联网上，我们经常听到有人说，这是一个流量为王的时代，有了流量，什么都有了。不可否认，流量的力量很大，但它是一把双刃剑，利用好了，我们可以借助他实现我们的人生理想，但如果我们在追求流量的过程中，被流量遮住了双眼，失去了初心和道德底线，最终只会走向毁灭。

🎥 网络不是法外之地

众口铄金，积毁销骨。有时候，一个网络谣言能够把人推向"社会性死亡"的深渊，而造谣者，也终将受到法律的制裁。

2020年7月，杭州吴女士像往常一样，到快递驿站取快递，驿站旁边便利店的老板郎某看到吴女士取快递，取出手机将她取快递的视频拍摄了下来。随后，郎某与朋友何某在微信上分别冒充快递小哥与吴女士，捏造了暧昧的聊天内容，然后配上拍摄的视频，编造了一个谣言：家庭富裕、面容姣好的女人耐不住寂寞，与快递员偷情。编造完这一切后，郎某将其发到了一个微信车友群。后来，郎某又捏造了数条谣言，并陆续将其发到微信群里。

2020年8月7日，有人提醒吴女士，网上传播的"少妇偷情快递小哥"的消息好像是她，听到这个消息后，吴女士非常震惊，因为视频中的她只是单纯地取个快递，并没有做什么出格的事情，甚至都没有和快递员有多余的交流。在吴女士知道消息后没多久，这条谣言登上了杭州本地的热搜榜，吴女士为了维护自己的权益，选择了报警。

警方接到报警后，立刻找到郎某与何某，经过审查后得知，这是二人编造的谣言。警方向社会澄清了谣言，并依法对二人做出了行政拘留9日的处罚。

虽然警方澄清了谣言，但这件事并没有因此结束，谣言仍旧在网络上传播，甚至一些公众号也开始添油加醋地传播谣言。谣言越传越凶，其影响甚至从网络蔓延到现实。

作为受害者，吴女士不仅没有得到大家的安慰，反而因为谣言的传播得到了大量的谩骂。巨大的舆论压力压得她喘不过气来，甚至因此患上了抑郁症。

处于人生至暗时刻的吴女士本想通过刑事自诉的方式追究造谣者的刑事责任，但犹豫再三，还是决定不走这条路，只要造谣者能够公开道歉并赔偿损失就行了。

郎某和何某认为，道歉没有问题，但赔偿金额太高。最终，双方没有就赔偿金额达成一致意见，和解的路被堵上了。

吴女士再次回到了刑事自诉的道路上。2020年10月，吴女士委托代理律师向杭州市余杭区法院提交刑事自诉状及证据材料，要求以诽谤罪追究郎某和何某的刑事责任。2020年12月，法院作出立案决定。

从2020年8月到12月这段时间，这件事情在网上持续发酵，引起了极大的社会反响。杭州市余杭区人民检察院认为，郎某、何某的行为不仅侵害了吴女士的名誉权，还严重危害了网络社会的公共秩序，给社会大众造成了不安全感，符合《中华人民共和国刑法》第二百四十六条第二款的规定，属于公诉案件。至此，该案件的性质发生了变化，由一起自诉案件变为了公诉案件。

2021年4月30日，杭州市余杭区人民法院开庭并当庭宣判，郎某、何某行为严重影响了被害人，还对网络公共秩序造成了严重冲击，严重危害了社会秩序，但考虑到二人有自首、自愿认罪认罚等法定从宽处罚情节，最终判处二人有期徒刑1年，缓刑2年。

到此为止，这件事才真正画上了一个句号，吴女士也重新开始了新的生活。

近些年，在网络平台上造谣的案件一起接着一起，有些人像前面提到的郎某、何某一样，是为了满足自己的私欲，有些人则是为了博取眼球，趁机获得流量。

2023年7月，一条"女子遭陌生男子要求陪酒"的短视频在网络上引起热议。视频中，一男子要求几个女子陪他喝酒，而女子以不能喝酒为由多次拒绝男子的要求。短视频封面上则写着"跟闺蜜出来吃夜宵，有个男的喝多了，一直叫我们陪他喝酒，怕他做什么过分的事情，赶紧录了下来"。

该事件登上热搜后，引起了网信部门和公安机关的注意。民警经过调查后发现，该视频原来是几个人按照剧本摆拍的，目的是博取流量，让更多的粉丝关注自己。

2023年7月31日，长沙市公安局开福分局依法对拍摄视频的几人处以行政拘留的处罚，并责任他们注销发布视频的账号。

2023年8月，一条"女外卖员深夜送餐，电动车被盗崩溃大哭"的短视频在网络上引发关注。视频中，一个身穿外卖服的女子在路灯下崩溃大哭，视频上配的文字是"深夜，外卖姐姐送餐，下楼发现电动车被偷了。希望偷车的能看到，真的太不容易了"。

视频引发热议后，很快引起了湖南怀化警方的注意。民警调取了大量的报警记录，发现没有外卖员电动车被盗的警情，这就无法核实该事件的真实性。与此同时，民警对发布该视频的账号进行了分析，发现女外卖员多次出现在视频中，而且没有固定的身份，于是，民警初步判断，这些短视频（包括女外卖员电动车被盗的视频）都是摆拍的。得出这个结论后，民警依法对该女子进行传唤，审查后发现，这些短视频确实是摆拍的。

最终，拍摄短视频的三人因涉嫌编造发布虚假信息、扰乱公共秩序，违反了《中华人民共和国治安管理处罚法》及《中华人民共和国网络安全法》相关规定，被公安机关依法行政拘留。短视频平台则对其账号采取了无限期封禁处置，取消了博主直播带货等营利权限。

这一起起案件给我们每个人都敲响了警钟，尤其给从事互联网相关工作的人员敲响了警钟：网络不是法外之地，网络空间秩序属于社会公共秩序，我们不能为了满足自己的私欲随便在网上发布不实消息，更不能为了博取流量蓄意编造摆拍，这些都是危害社会公共秩序安全的行为，一定会受到法律的制裁。

盲目跟风，后患无穷

截至 2022 年 12 月，中国短视频用户规模已经超过 10 亿人，人均单日在线时长超过 2.5 个小时。如此大的流量，代表着短视频这片土地处处存在着商机，但这不代表着你一定能够从这里摘到果实，因为短视频的红利期已经过去，有些人已经先人一步，后来者想要抢占红利已经十分困难，所以一定不要盲目跟风，否则失败将成为常客。

不要盲目跟风入局短视频领域

如果你现在想要入局短视频领域，请先思考以下几个问题：

（1）你做短视频，是打算全职做，还是当成一个副业。如果全职做，你是否能够接受未来的几个月，甚至一两年都没有什么收入，而且在投入了一两年的时间后，仍然不能把账号做起来的结果吗？如果当成一个副业，每天结束了繁忙的工作后，你还需要抽出来时间去找选题、去搜集素材、去写脚本、去拍摄视频、去剪辑视频，这些时期会耗费你大量的精力，你是否能够坚持下去？

（2）你是否具备拍摄、剪辑、数据分析等技能。如果你不具备这些技能，在入局短视频领域之前，需要先耗费大量的精力去自学这些技能，你是否能够接受？

（3）如果你的短视频需要拍摄外景，你是否能够忽视旁人的眼光？如果你的短视频需要拍摄自己，你是否能够自然地面对镜头侃侃而谈？

（4）对于新人来说，很多时候都需要面对一种情况，那就是辛辛苦苦制作了一条自己非常满意的短视频，但播放量却非常低。出现这种情况时，你是否还能够满怀热情，继续制作下一条短视频。

如果上面那些问题，你的回答都是"是"，你还需要继续思考一个问题：你要选择哪个赛道？这个问题在第四章时我们已经说过，短视频的赛道有很多，你在准备做短视频之前，一定要先给自己清晰的定位，选择好赛道，这样，努力才有方向。

不要盲目跟风做短视频电商

如今，我们已进入兴趣电商的时代，这是一片蓝海，但我还是要劝你保持理智，不要盲目跟风，进军短视频电商领域。

为什么这样说呢？

在第 1 章，我们已经分析了什么是兴趣电商，在这里，我们重复一下它的核心理念：通过短视频、直播，用户发现并了解商品，而优质的内容则激发了用户潜在的消费需求。

从兴趣电商的核心理念中，我们可以剖析出三个关键的要素：渠道、用户、内容。

渠道包括短视频和直播这两个，因为这两个渠道存在一些差异，所以下面我们分开来讨论。

先说短视频，注册短视频账号非常简单，但前面我们说过了，现在不要盲目入局短视频领域，你需要先思考我前面提到的几个问题。当你下定决心入局短视频领域之后，还需要按照我们前面讲到的那些操作，一步步地去实践，当积累了一定数量的粉丝后，你才可以做短视频电商。

说完了短视频，再说说直播。如果你的直播平台是短视频平台，并且你的短视频账号也有了一定数量的粉丝积累，那么你的直播将会顺利很多，但如果你没有粉丝积累，你的起步将会非常难，极大概率会面对一个较长时间内直播间都没有用户的情况。

所以说，要开设短视频账号、直播账号并不难，难的是你如何积累粉丝，这些粉丝通常会成为你的初始用户，能够帮你带来更多的流量，当然了，要留住流量，就需要你有优质的内容，能够激发用户潜在的消费需求，把他们转变成消费者。

在第7章我们讲过，直播是可以设计的，这可以辅助我们更顺利地完成直播，但这也不是说任何人都可以拿着提前设计好的剧本去直播，主播需要具备一定的专业性，而你是否具备直播所需的专业性？也是需要你思考的一个问题。

说了这么多，其实归纳起来就是一句话：短视频电商虽然如火如荼，但并不是一件容易的事，不是说你进军这个领域之后一定能够从中获利，你需要思考很多事情，否则，盲目入局，只会让你的投入打了水漂。

在一个接一个的热点中保持理性思考

热点，这个词我们在前面提到过很多次，因为对于做短视频的人来说，热点从某种意义上代表着流量，抓住了热点，也就抓住了流量。但，面对热点，我们始终需要保持理性地思考。

不被舆论裹挟

如今，网上的热点一个接着一个，我们在跟随热点的同时，要时刻保持理性思考，不成为被舆论裹挟的那个人。

不知你是否注意到，我们如今已进入"后真相时代"，即在巨大的舆论下，真相变得不再重要，人们对某个事件所产生的情绪超过了真相本身。

前面我们讲了吴女士的案例，这就是"后真相时代"的一个缩影，即便公安机关已经澄清了真相，人们依旧在四处传播谣言，甚至用言语诋毁吴女士，此时，舆论的浪潮已经盖过了真相。如果不是一些官媒开始关注真相，不是检察院、法院、公安机关的努力，真相可能会持续处于次要地位，舆论则会一直裹挟着大众，不知道冲到哪里。

面对这样的热点，我们不能像当时的一些无良自媒体人一样，为了博取流量，不管真相，只跟着大众的情绪走，而是要和真相站在一起，用自己的力量为受害者发声。

眼见不一定为实

在前面，我们还讲了"女子遭陌生男子要求陪酒"和"女外卖员深夜送餐，电动车被盗崩溃大哭"的事件，这两个事件在当时都是非常热的热点，但眼见一定为实吗？

已经知道真相的我们可以很快地回答：眼见不一定为实，这两个短视频都是摆拍的。

但在真相公布之前，你是否对这两个事件做了理性的思考？你是否愤愤然地发表过评论，甚至拍摄短视频去为"受害者"发声？

如果我们不去做理性地思考，相信视频中的内容就是真相，并为此做了一些行动，当真相公布之后，我们将成为那个潮水退去，在海里"裸泳的人"。这时，我们前期建立的人设将会倒塌，粉丝会流失，很多努力都会白费。

所以，哪怕某个热点再热，在真相没有出来之前，一定不要轻易下结论，要"让子弹飞一会"，同时，理性地去思考这件事，为真相浮出水面的那一刻做好准备。

除了上述原因外，还有非常重要的一点，那就是我们围绕热点做出来的内容和短视频账号的定位要相符。有时候，我们看到某个热点在持续爆发，而很多人依靠这个热点获取了大量的流量，这时，有些人可能会禁不住诱惑，跟着一起做了短视频。虽然这样做可以为我们带来一些流量，但如果这些跟随热点拍摄的视频的内容和我们的账号定位不相符，会影响我们账号风格的统一，而当我们的内容不够垂直之后，短视频平台会降低我们账号的权重，推荐量会随之减少。另外，一些习惯了我们风格的粉丝也可能会出现反感的情绪，认为我们在做一些乱七八糟的内容。所以说，在跟随热点时，也要理性思考它是否适合我们的账号，如果不适合，果断放弃，不要为了一时的流量影响了账号的长期发展。

每个人在面对热点时都应保持理性的思考

其实，面对热点时，每个人都需要保持理性地思考，尤其在当前这个复杂的网络环境中，更是如此。

在上网的时候，不知道你是否有过这样的经历：发生了一个热点事件后，一个大 V 很快在网上发表了自己的观点，你看到这个观点后，觉得非常有道理。没过多少时间，你看到另一个大 V 发表了相反的观点，听完他的叙述后，你觉得好像也没有错。

又或者你有没有这样的经历：你看到了一个热点，看完之后，脑袋里产生了一个想法，然后，你打开评论区，发现点赞量靠前的几个评论和你的想法正好相反，此时，你产生了疑惑，难道是我想错了？

如果你有过上述经历，说明在面对热点时还欠缺一点理性的思考，容易被别人的观点影响。古语有云："兼听则明，偏信则暗。"我们的确应该听取各种意见，但也要保持自己的理性思考，否则在舆论的裹挟下，我们很容易在不自知的情况下成为"乌合之众"中的一员。

要流量，更要底线

在短视频平台上，"流量阵地"的争夺十分激烈，有些博主为了能够获得更多的流量，频频突破道德的底线。

2021年，"拉面哥"突然走红网络，走红的原因是他十几年来售卖的拉面一直都是3块钱，没有涨过价。"拉面哥"走红之后，全国各地的网红纷纷来到他所居住的小村庄，意图从"拉面哥"身上蹭一些流量。如果他们只是拍摄"拉面哥"工作的场景，不干扰"拉面哥"的正常生活，也不干扰当地人的正常生活，其实也无可厚非。可是，这些网红为了蹭流量毫无底线，有些在"拉面哥"卖拉面的地方跳舞，有些在"拉面哥"卖拉面的地方唱歌，他们的这些行为严重影响了"拉面哥"的工作和生活，甚至堵塞了村里的交通。

无独有偶，合肥的"盒饭姐"因为盒饭非常实惠（10元钱，35种菜随便吃）走红网络。走红前，她的盒饭主要卖给一些打工人，其中不乏农民工，因为深知打工人的不容易，所以"盒饭姐"的饭菜一直没有涨过价。走红后，不少网红来到他的餐厅，表面上是吃饭，其实是为了蹭"盒饭姐"的热度。这些网红买了饭菜之后，有些只简单地吃几口，有些甚至一口都不吃，很多饭菜就这样被浪费了。近些年，我们一直在宣传"光盘行动"，起到了非常好的效果，浪费粮食的现象少了很多，但这些网红却背其道而行之，造成了非常不好的社会影响。

这些眼中只有流量，为了一己私利干扰其他人正常生活，甚至一再突破道德底线的网红们，被广大网友称为"流量秃鹫"。为什么"流量秃鹫"屡禁不止，究其本质，无非是流量背后带来的巨大利益。在"流量秃鹫"们看来，只要能够获得流量，哪怕突破了道德的底线，也愿意去试试。尤其当"流量秃鹫"扎成一堆后，更是变得肆无忌惮，因为大家都在做着低素质的事情，我又何必"装清高"呢。

其实，毫无底线蹭流量的行为，只是网红突破道德底线的冰山一角，在这一角下面，还有很多让我们反感，甚至不齿的行为。比如，卖惨博取用户的同情，在公共场合穿奇装异服表演，四处发表雷人言论……

2021年，广西一个村庄开始频繁出现在各个短视频平台上，但内容却让人大跌眼镜。有的人穿着"病号服"在地上滚来滚去；有的人则在镜头前面搔首弄姿，嘴里大喊着让观众"刷礼物"。为什么村里突然出现这么多低俗的表演呢？原来村里一个年轻人因为在短视频平台上发布怪异的视频获得了关注，这引起了村里其他年轻人的效仿，甚至吸引了外地的网红前来直播。这些主播的言行在网络上引发了热议，很多网友认为这些人为了流量毫无道德底线。

近些年，短视频行业发展迅速，很多乡村借着短视频的东风"出圈"，获得了名声和经济的双丰收。反观这个所谓的"网红村"，各种低俗直播充斥在短视频平台上，不仅不利于当地风土人情和土特产的宣传，而且还会丑化当地形象，甚至会在网络上助长一种"只要无下限就能赚钱"的不良风气。让人欣慰的是，当地政府得知后，迅速进行了整改，该村庄又恢复了往日的模样。

当我们在网上看了太多类似的案例之后，对流量一词也不免会产生一定的反感情绪，认为流量就是"低俗""炒作""无下限"的代名词，但其实，流量本身没有错，错的是那些"流量秃鹫"，是那些"唯流量至上"的人。我们需要对这些人说不，并在追求流量的过程中，守住自己的道德底线。

最后，我想对那些"流量秃鹫"说：你们终将会被流量反噬。